ゼロからわかる
英語ベーシック教本

薬袋善郎 Yoshiro Minai

研究社

>> まえがき

医師の触診

　医師の診察の仕方に触診というのがあります。患者の身体の状態を観察し、あちこち触れたり押したりして、そのときの患者の反応から病因を探るという診察方法です。この触診は、なにも医師に限ったことではなく、私たちは誰でも、自分の体調が悪かったり家族が不調を訴えたりしたら、身体に手を触れて原因を探ろうとします。

　しかし、医師の触診と素人がやる触診の間には決定的な違いがあります。素人は皮膚の色が黄色っぽいとか、押すと中のほうで鈍痛を感じるという程度のことしかわかりません。ところが、医師は「この部位をこの角度から押すと刺すような痛みを感じるということは膵臓に炎症が生じている疑いがある」というような判断がつきます。

解剖学の知識

　この違いは身体の内部構造についての知識(= 解剖学の知識)の有無によるものです。素人は解剖学を学んでいませんから、表面的な症状・反応から判断するだけですが、医師は解剖学を学んでいるので、表面的な症状・反応を身体の内部構造と結びつけて判断することができるのです。つまり、医師は患者の身体を見たとき、表面的な色や反応だけでなく、皮膚の下に隠されている臓器の状態まで見えているのです。だからこそ、患者の苦痛をピタッと止めるような処置ができるのです。

目では見えないもの

　実は、英語もこれと全く同じことが言えるのです。英文を人体にたとえると、目で見える英単語(= 身体の各所)の下に「目では見えないもの(= 皮膚の下に隠された臓器)」が存在していて、英文の正誤(= 人体の正常・異常)は、その「目では見えないもの(= 皮膚の下に隠された臓器)」によって左右されているのです。

　医学部の学生は第2学年のとき解剖実習を行って、初めて人体の内部を透かし見る目を持つようになります。これと同様に、私たちは英文の解剖実習を行って初めて英文の表面からは見えないもの(これが英文の正誤を左右しているのです)を透かし見ることができるようになるのです。

　普通の人は一生に一度も人体の解剖実習などやりません。ですから、臓器のこ

となどろくに知らずに一生を送ります。そのために病気になっても「なにか最近調子が悪い」とか「腹が時々シクシク痛む」という程度の判断しかできず、その原因をつきとめて治療することなどできません。

英文の解剖実習

　それと同じで、普通の人は一生に一度も英文の解剖実習などやりません(そんな実習があることすら知らない人が大部分です)。ですから英文の表面から見えないもの(＝英文の正誤を左右するもの)を全く知らずに一生を送ります。そのために英文を書き間違えても、読み間違えても「なにか変だな」とか「読んでいてときどきつっかえる」という程度の判断しかできず、真の原因をつきとめて書き方・読み方の間違いを自分で直すことなど思いもよらないのです。

　医師になるには大変な時間と勉強が必要です。ですから、私たち全員が医師になる必要はありません。適性と能力のある人が研鑽(けんさん)を積んで医師になればよいのです。素人は具合が悪くなったら病院に行って専門家に診てもらえばよいのです。

　しかし、英語は違います。英文の解剖実習など、意識的に努力すれば誰にでもできることです。正しい道筋で勉強すれば、誰でも英文の表面から見えないものが見えるようになります。そうなれば、辞書さえあれば誰にも頼らず自分の力で英文の読み書きの正誤を判定し、誤っていたら直すことができるのです。

英文の解剖は百害あって一利なし？

　医学の世界では解剖学の知識を持たない人が「自分は医者だ」とか「自分には病気を治す力がある」などと公言することはありえないし、そんなことを言っても誰も信じません。下手をするとニセ医者とされて犯罪にもなりかねません。

　ところが、英語の世界では「英文の表面から見えないもの(＝英文の正誤を左右するもの)」を全く知らない人が「自分は英語の専門家だ」とか「自分は英語ができる」などと威張っていることが多いのです。また、それを多くの人が頭から信じ込んでいるのです。

　しかも、えてしてこういう人は、英文の解剖実習を目の敵にして、親の仇(かたき)でも討つかのように激しく非難するのです。そのために、これから英語を勉強しようとする純真無垢な人たち(特に、若い人たち)まで、それに強く影響されて、自分では本気でやったこともないのに、「英文の解剖など百害あって一利なしだ」などと決めつけるような言い方をするのです。まことに惜しいことです。

読み書きの正誤を判定する基準

　正しい道筋で勉強すれば、全く夢にも知らない世界が英文の背後に見えてくるのに、そして、その世界こそ彼らが長年渇望して、どうしても手に入らないと嘆いているもの(＝英文の読み書きの正誤を判定する基準)なのに、多くの人が「英文の解剖＝悪」というステレオタイプな思い込みから脱却できず、見当はずれな勉強を続けて、あたら貴重な時間を空費しているのです。

　英文の読み書きにおける「英文解剖学の知識が有る人(＝英文の表面からは見えないものが見える人)」と「英文解剖学の知識が無い人(＝英文の表面しか見えない人)」の違いは、触診における医師と素人の違いの比ではありません。それがどんなに違うか、実際の誤答例を使って説明しましょう。

英文解剖学的な視点──英作文のケース

　次は東京学芸大学に出題された英作文の問題です。

> 　花は、色形の良いものであれば、においのよしあしにかかわらず、美しく見える。

　これを10月に30人ほどの高校3年生に書いてもらいました。次の答案はそのうちの2通です。

> **A君の解答**
> 　Flowers seem to beautiful, no matter what color or style is good in spite of smells are good or bad.

> **B君の解答**
> 　Every flours which have good colors and shape look beautiful weather it smell good or bad.

　どちらの解答もひどい出来です。特にB君の答案は「花＝flower」が「小麦粉＝flour」になっており、さらには「であろうとなかろうと＝whether」が「天気＝weather」になっていて、初歩的なつづりの間違いが2つもあります。さらにeveryの後に複数形の名詞を置いたり、colorsが複数形なのに、shapeが単数形だったり、smellに3人称・単数・現在のsがついていなかったりと、不注意な間違

いが目立ちます。この解答だと大学入試では0点は間違いないでしょう。

しかし、このB君の解答は筋がいいのです。それは、この英文を英文解剖学的な視点から見ると(＝つづりとか、単数形・複数形とか、3単現のsとか、表面から見える次元ではなく、各語の「品詞」と「働き」という、表面からは見えない次元で見ると)、間違っているところが一つもないからです。この解答は一応「英語の体をなしている」のです。B君は明らかに「英文の表面からは見えないもの」が見えています。こういう人は、ケアレスミスをなくすように教師が丁寧に指導すれば、容易に合格点が取れるようになります。まだ10月で、入試まで3ヶ月近くありますから十分間に合います。

それに対して、A君の答案はつづりの間違いもなければ、単数形・複数形も3単現のsも間違っていません。しかし、英文解剖学的な視点から見ると(＝各語の「品詞」と「働き」という、表面からは見えない次元で見ると)、この英文は"でたらめ"もいいところで、英語の体をなしていません。これでは0点というよりも、採点の対象にもならない(＝採点してもらえない)でしょう。A君は英文の表面しか見えていないのです(「表面から見えないもの」など、おそらくその存在すら知らないでしょう)。A君に「この英文の誤りを自分でわかる力(＝表面から見えないものを見る力)」をあと3ヶ月でつけさせるのは極めて困難です。A君には、例文(＝正しい英文)をできるだけ多く暗記させて「運よく入試にそれと同じ問題が出れば受かるし、運悪く外れれば諦めるしかない」という指導をするのが、最も合格可能性が高い、現実的な対応です。ちなみに、模範解答は次の英文です。

> Flowers look beautiful if they have good colors or shapes, whether they smell sweet or not.

英文解剖学的な視点──英文読解のケース

今度は、英文読解の例を出してみましょう。次の英文は大学入試の和訳問題です。

> Another thing that astonished me was the enjoyment these boys got out of their life at school.

英文解剖学的視点のない人は、英文の表面しか見えませんから、got out ofがひとかたまりに見えます。「get out of ～ (～から外に出る)」という熟語だと思う

わけです。すると次のような訳文を作ります。

> 私を驚かせたもう一つのことは、この少年たちの、学校生活から抜け出すという楽しみだった。

そして、自分の体験に照らして「わかる、わかる、その気持ち。授業をさぼって、学校を抜け出して遊びに行くのは最高に楽しいもんなあ！」などと共感し、自分の読み方で正しいと確信するのです。

ところが、英文解剖学的視点のある人は、英文の表面からは見えない次元(=各語の「品詞」と「働き」の次元)で英文を見ることができるので、「these boys got out of their life at school を the enjoyment につなぐためには got と out of の間を切らなければならない(= get out of ～という熟語ではない)」ということが、はっきりわかります。そこで、次のような正しい訳文を作れるのです。

> 私を驚かせたもう一つのことは、この少年たちが学校生活から得る楽しみだった。

この２つの訳文は正反対の内容(「学校嫌い」か「学校好き」かという正反対の内容)です。したがって、これは笑ってすませられるような些細な間違いではありません。しかし、英文の解剖実習をしたことのない人(= 英文解剖学的視点を持っていない人)は、このたぐいの間違いを一生やり続けて、自分に何が欠けているのか、ついに気がつかないのです。

英文の解剖に対する批判
　ところで「英文を切り刻んで解剖などすると、英文の味わいや美しさが失われてしまう」という批判をよく耳にします(この他の批判については「あとがき」で見解を述べます)。この批判は、英語教師と呼ばれる人たちから発せられることが多いので、看過しがたい影響力を持っています。そこで、最後にこの批判に答えておきましょう。

英文の解剖は正誤を判定するため
　英文を切り刻んで解剖しているときは、英文の味わいや美しさは念頭にありません。英文を切り刻んで解剖するのは、英文の(読み書きの)正誤を判定するため(な

いしは、判定する力を養成するため)です。味わいや美しさは正誤とは無関係です(=味わいのある美しい英文が正しくて、味わいがなく美しくない英文が誤りというわけではありません)。ですから、英文の正誤を判定するときに味わいや美しさを考慮しないのは当然のことなのです。

　ところで、私たちは英文を読んだり書いたりするとき、正誤だけを問題にするわけではありません。読み方・書き方が正しいとわかったら、あとはその英文の味わいや美しさを吟味することもあるでしょう。そのときは、もはや英文を切り刻んで解剖するようなことはせず(もう正しいとわかったのですから、そんなことをする必要がないからです)、英文のリズムや筆者の言葉の選択の巧みさを存分に堪能すればよいのです。

　あるいは、英文解剖学的視点からは誤文とされる英文が、何とも言えぬ味をかもしだしていて、古来名文とされていることも稀にあります。そういうときは、誤文だとわかることが、その味を感じ取れる前提になっているのです。

解剖学的知識は美に対する感受性を失わせない

　英文を切り刻んで解剖しているときに味わいや美しさが念頭にないのは、考慮していないというだけのことであって、その英文から味わいや美しさが消滅してしまったということではありません。ですから、英文を味わい、その美しさを楽しみたければ、解剖を止めて、その英文のリズムに身をひたせばよいだけのことです。

　英文解剖の実習を積んで英文解剖学的視点を得た(=英文の表面から見えないものが見えるようになった)からといって、英文の美しさに対する感受性を失うわけではありません。味わいや美しさとは別の視点(=正誤の視点)から英文を眺められるようになったというだけのことです。

　これも、医師と患者の関係に似ています。医師は患者を診察しているとき、患者がとびきりの美人であっても、そのようなことは念頭になく、純粋に解剖学的視点から患者の身体を見ているはずです。それでは、その医師は女性の美しさに対する感受性を失っているのかというと、そんなことはありません。医師と患者の関係を離れたら、「あなたのような美しい人は見たことがない」と言って、その女性を絶賛することもあるでしょう。

画家が解剖学を勉強するのも同じ

　あるいは、美を追求するのが本分の画家が解剖学を勉強するのも同じです。解

剖学的視点を持った画家のデッサンは芸術性に乏しいのでしょうか？　そんなことはありません。むしろ逆で、解剖学的に見ても正確なデッサンの上に初めて豊かな芸術性が花開くのです。

解剖実習は指導者について、正しい道筋で行うことが大切です
　医学部の 2 年生は、専門の指導者について、丸々 1 年かけて解剖実習をするそうです。英文解剖の実習も、専門の指導者について、正しい道筋で行わなければなりません。本書はそのための実習ガイドブックです。本書と、本書の続編である『英語リーディング教本』によって、皆さんは「英文を背後で支えている、表面からは見えない世界」が見える人(＝自分の書き方・読み方の正誤を自分で判断し、もし誤りなら自分で直せる人)に必ずなれます。そうなったとき、皆さんは、こと英語に関しては、自分がこれまでと質的に全く違う人間になったことを実感するでしょう。これは、私が保証します。その日を楽しみに、ぜひ頑張って勉強してください。陰ながら応援しています。
　本書の執筆に際しては研究社の佐藤陽二氏の励ましとお力添えをいただきました。厚くお礼を申し上げます。

2006 年 2 月　薬袋善郎

≫ 本書の勉強法

本書が養成しようとしている力は次の3点です。

1. すべての語および語群の「品詞」が言える。
2. 主語、補語、前置詞の目的語、修飾の「働き」をしている語および語群を指摘できる(ただし、名詞が補語の働きをしているケースはのぞく)。
3. すべての動詞および助動詞の「活用」が言える。

　最終的にはいかなる英文についてもこの3点を言えることが目標です。しかし、とりあえずは本書に収録されている英文についてこの3点が言えればよいのです。そのためには本書が敷いたレールに乗って、1ページから順次読み進んでいくのがもっともよいやり方です。
　つまり、解説のページになったら、そこをじっくり読んで理解し、問題のページになったら、そこをとばしたりせず、きちんと自分の答を作り、解答のページになったら、自分の答えを正解と照らし合わせて確認する、という作業をあせらず、たゆまず、たんたんと進めていくということです。
　答を作るときは、問題の英文を紙に書き写して、それにエンピツで答を記入するという方法もあります。しかし、そこまでしなくても、英文を見ながら口で答を言っていく、というやり方で十分です。
　さらに、本文を読み進めると同時に、すでに履修した英文について先ほど述べた3点をすらすら言えるように練習してください。どうするかというと、巻末の英文再録の中で、すでに履修した英文を見ながら、先ほど述べた3点を次々に口で言っていくのです。その際、言えなかったら、本文中のその英文のところを開いて、つっかえた個所を確認し、また英文再録に戻って、口で答を言う、これを繰り返すのです。
　たとえば、今皆さんがp. 030を読んでいるとしたら、おりにふれて英文再録のNo. 7からNo. 11までについて、先ほど述べた3点を口で言う練習をするのです(練習のやり方はp. 201 英文再録に出ています)。これをバランスよく行うと、皆さんは、常に「これまでに出てきたすべての英文について3点を口で言える」という状態で、先へ先へと本書を読み進めることになります。そして、本書を読了したときは、「本書に出てきたすべての英文について3点を口で言える」という状態になっているはずです。さらに理想を言えば、「3点を何の困難もなくスラスラ言え

る」状態になれば最高です。この勉強は途中でばかばかしいと感じるときもあるかもしれませんが、ひたすら努力あるのみです。

　ここに書いた目標が達成できると、それだけで「英文の表面からは見えない世界」が相当見えるようになります。その状態で本書の続編である『英語リーディング教本』に取り組めば、いきなり『英語リーディング教本』に取り組んだ人よりはるかに楽に、そして効率的に勉強を進めることができます。そして、『英語リーディング教本』が完了すれば、読解、作文、リスニング、スピーキングのすべての分野に通じる英語の基礎が完全に確立します。

まえがき　iii
本書の勉強法　xi

Lesson 1
英文法が存在するフィールド　001

Lesson 2
品詞と働き　007

Lesson 3
助動詞・前置詞・等位接続詞　043

Lesson 4
活　用　069

Lesson 5
have 助動詞と be 助動詞　099

Lesson 6
ing 形　119

Lesson 7
過去分詞形　149

Lesson 8
原　形　171

あとがき　191
英文再録　201
本書終了後の英語の勉強について　210
索　引　211

Lesson 1
英文法が存在する
フィールド

Lesson 1

≫ 1-1 木によって魚を求む？

　私たちは、英文を読み書きするとき、常に正誤の判断を行っています。たとえば、「この英文の書き方は正しい」とか、「誤っている」とか、「この英文の読み方は正しい」とか「誤っている」などという具合です。この正誤の判断を行うための客観的な基準が文法です。文法という判断基準が頭の中にない人は、「他人によって正しいとされた英文だから正しい(はずだ)」とか「他人が正しいと認めてれくれたから、この読み方は正しい(はずだ)」というように、常に他人任せの状態から脱することができません。多くの人が「いくら英語を勉強してもモヤモヤしたはっきりしない部分が残る」と感じているのは、ここに大きな原因があります。

　そこで、自己を欺くことを嫌う(=自分に対して誠実な)一部の人は、自力で正誤を判断するための客観的な基準を求めて文法の勉強にとりかかります。ところが、悲しいかな、この努力がむくわれることは稀なのです。いくら文法書を読んで、演習を行っても、自力で英文の正誤、読み方の正誤を判断できる域にまで達する人はごく少数です。この原因はいろいろありますが、うまくいかない人のほぼ全員に共通しているのは、文法(=英文を律しているルール)がどこに存在しているかを正しく認識していないことです。彼らは文法が存在しないフィールドをあちこち掘じくりかえして、「文法」が手に入らないと嘆いているのです。いわば、「木によって魚を求む」といった状況におちいっているのです。

≫ 1-2 文法はどこに存在しているのか？

　このようなむなしい勉強に終止符を打つために、文法の勉強を志す人は、まず文法が存在しているフィールドを正しく認識しなければなりません。そこで、本書はこれを明らかにするところからスタートしましょう。

　英文を構成している各単語はそれぞれ3つの異なる次元で捉えることができます。それは、意味 と 品詞 と 働き という3つの次元です。具体的に説明しましょう。

　たとえば、次の英文を見てください。

Tom ate two apples yesterday.　(トムは昨日、2個のリンゴを食べた)

　この英文は5つの単語で構成されています。各単語を意味の次元で捉えると次

のようになります。

　　Tom　ate　　two　apples　yesterday.
　　　トム　食べた　2個の　リンゴ　　昨日

「品詞」とは
　「品詞」というのは単語の種類のことです。品詞には名詞・動詞・形容詞・副詞などいろいろあります。品詞の名称はどれも最後が「詞」という言葉で終わります。各単語を品詞の次元で捉えると次のようになります。

　　Tom　ate　two　apples　yesterday.
　　　名詞　動詞　形容詞　名詞　　副詞

　品詞の詳しい説明は後で行います。とりあえず、ここでは各単語を品詞の次元で捉えられるということを認識してください。

「働き」とは
　「働き」というのは、英文を構成している各単語が他の単語に対してどういう関係を持っているかを示す概念です。働きには、主語・目的語・補語・修飾などいろいろあります。各単語を「働き」の次元で捉えると次のようになります。

　　Tom　　ate　　　two　　apples　　yesterday.
　　　主語　完全他動詞　名詞修飾　動詞の目的語　動詞修飾

　「働き」の詳しい説明は後で行います。とりあえず、ここでは各単語を「働き」の次元で捉えられるということを認識してください。
　以上に紹介した3つの次元を改めて1つにまとめて示すと次のようになります。

	Tom	ate	two	apples	yesterday.	
意味の次元	トム	食べた	2個の	リンゴ	昨日	(具体的次元)
品詞の次元	名詞	動詞	形容詞	名詞	副詞	(抽象的次元)
働きの次元	主語	完全他動詞	名詞修飾	動詞の目的語	動詞修飾	(抽象的次元)

　さて、これでやっと文法が存在しているフィールドをお話しすることができるようになりました。

英文法が存在している次元

　英文を律しているルール(この集合が英文法です)は品詞と働きの次元に存在しているのです。英文を書くとき、applesという語をどのように使えば正しいのか、あるいは、英文中に出てきたapplesを他の語とどのように組み合わせて意味をとれば正しい読み方になるのか、ということは、applesを「リンゴ」と捉えている限り、推測はできても、確信を持つことはできません。このことは、applesを「名詞」、あるいは「動詞の目的語」と捉えたとき初めて明らかになるのです。なぜなら、「英文を律しているルール」は、「リンゴ」という語はこう使わなければいけないとか、「ミカン」という語はこういうように他の語とつなげて読まなければいけないという形で存在しているのではなく、「名詞」はこう使わなければいけないとか、「動詞の目的語」はこう読むのが正しいという形で存在しているからです。別の言い方をすれば、「英文を律しているルール」は「品詞と働きをコントロールするルール」なのです。

　このことを、英文法を勉強しているほとんどの人(さらには英文法を教える一部の人)がはっきりと認識していないのです。そのために、英文法を教えてくださいという人に対して、「この名詞は動詞の目的語だから...」というような説明を始めると、露骨に嫌な顔をして、「そんな専門家の自己満足のような難しい言葉を使わないで、もっとやさしく文法を説明してくださいよ」などと言ったりするのです。「あいつはわざと難しく説明する嫌な教師だ」とか「難しい説明しかできない無能な教師だ」などと言われることもあります。あるいは、書店に氾濫するやさしく英文法を解説したと称する本が、冒頭で「本書は形容詞だ、副詞だ、目的語だ、補語だ、などといった難解な、そして不要な文法用語はいっさい使わない」などと、とんでもない大見得を切ったりするのです。これは、いわば水をいっさい使わないで泳ぎを教えてくれと要求したり、水にいっさい触れないで泳げるようになると教えるようなものです。あるいは包丁をいっさい使わないで日本料理を教えてくれと要求したり、包丁をいっさい使わないで日本料理が作れるようになると教えるようなものです。こんな理不尽な要求をし、またこれにおもねるような本があるので、多くの人がいつまでも本当のことに気づかずに、むなしい努力を続けているのです。

単語を品詞と働きの次元で捉えなければ英文法はわからない

　ここではっきり申し上げます。英文を律しているルール、すなわち英文法は、「品詞」と「働き」という抽象的な次元に存在しているのです。ですから、具体的

な英単語を抽象化して品詞と働きという次元で捉える力を養わない限り、英文法は決してわかりません。これは、水に入らなければ泳げるようにならず、包丁を握らなければ日本料理を作れないのと全く同じことです。

　こう言うと、「品詞や働きなら知っているぞ」と言う人が出てきます。しかし、「名詞」や「動詞の目的語」という概念あるいは名称をたんに知っているだけでは不十分なのです。具体的な単語について、この品詞は何だ、この働きは何だということが自分で言えなければだめなのです。たとえば、英文中に出てきた fashion という語について、これは名詞として使われているのか、動詞として使われているのか、名詞だとしたら主語なのか目的語なのか、あるいは補語なのかということを自分で判断できる力が必要なのです。この力がなければ、いくら英文法の本を読んで勉強しても本当のことはわからないのです。

≫　1–3　いつまでも旦那芸では...

　変なたとえですが、私がお茶屋遊びに入れこんで、もし自分も三味線が弾けたら芸者衆ともっと楽しく遊べるだろうと思い、三味線のお師匠さんに入門したとします。すると、お師匠さんはあまり厳しく仕込んではすぐ音を上げて長続きしないし、お弟子にやめられては月謝が入ってきませんから、いい加減なところで許して、「たいへんお上手になりましたよ。この曲はもう卒業です。次の曲にいきましょう」と言って、次々に新しい曲を教えていきます。どんどん進むので、本人は鼻高々で、ついには天狗になり、宴席で自分の三味線に合わせて芸者を踊らせて悦に入る。ところがプロのお姐さんたちのほうでは、調子はずれの三味線に合わせて踊るのにひと苦労。これを「旦那芸」というのです。

　それに対して、将来プロとして三弦で食べていくんだという覚悟の人が同じお師匠さんに入門したらどうでしょう。お師匠さんは、おそらく、徹底的にしごいて、1つの曲を3ヶ月も半年も練習させて、容易に許さず、場合によっては撥(ばち)で手をひっぱたくくらいのことはするかもしれません。

　私の教え子にSさんという方がおられます。この方は東京芸大の邦楽科から大学院に進んで(私は芸大の入試のためにセンター試験の英語を教えたのです)将来を嘱望されている優秀な方ですが、芸大に入った後で話を聞いたら、芸大では学生は学年末に1回だけ教授、助教授、講師が居並ぶ前で課題曲を独奏し、それに合格しなければただちに留年なのだそうです。また、どんなに優秀な学生でも、1年生のうちは公の場で演奏することが禁じられているそうです。プロになるほどの人には

Lesson 1

これだけの厳しさが要求されるのです。
　名詞・形容詞・目的語・修飾といった概念を使わずに英文法を勉強するのはしょせん旦那芸にすぎません。英語の先生がそういう参考書を書くのは「いい加減なところで許してやらなければ、すぐに音を上げてやめてしまうから」というお師匠さんの配慮も一部にはあるのです。ただし、私は旦那芸を否定しているのではありません。旦那芸でも本人が宴席で愉快な気持ちになり、そこから仕事への活力を得て、人生が豊かになるというのであれば、たいへん結構なことだと思います。しかし、旦那芸はどこまでいっても旦那芸です。本当の力はつかないのです。
　皆さんの中に「いつまでも他人頼りでは嫌だ。自分で自分の書き方・読み方の正誤を判定できる力を身につけたい(つまり、本当に英文法がわかりたい)」と思う方がいるなら、プロになれとまでは申しませんが(第一、かく言う私自身がプロではありません。本当の英文法のプロは大学英文科で英語学を専攻している先生方です)、せめて「品詞」と「働き」という抽象的な概念くらいは忌避せずに、体当たりして、我が物にしてほしいのです。なぜなら、英文法はそこにしか存在しないからです。

Lesson 2
品詞と働き

Lesson 2

>> 2-1　品詞と働きの関係

　人間の集団を考えてみましょう。仮に、ある歌手のコンサートに 200 名の観客が集まったとします。すると、その 200 名の人間は、全国各地からバラバラに集まってきただけで、観客相互の間には特別な関係はありません。したがって、その 200 名の人間は、それぞれ「観客」という同じ名称で呼ばれるだけです。

　それに対して、同じ 200 名の集団でも、1 つの会社となると事情が違います。その 200 名の人間は各メンバーが他のメンバーに対して一定の関係を持っています。たとえば、メンバー A は他のメンバー全員に対して自己の意志を強制することができ、メンバー B はメンバー A の指示を受けて、自分の下にいる 20 名のメンバーに対して自己の意志を強制することができる、といった具合です。そこで、各メンバーは、他のメンバーに対して持っている関係に基づいて、それぞれ異なる名称で呼ばれます。たとえば、メンバー A は「社長」と呼ばれ、メンバー B は「部長」と呼ばれるといった具合です。

　あるいは、家族を考えてみましょう。1 つの家族を構成する各メンバーは他のメンバーに対して、一定の関係を持っており、各メンバーはその関係に基づいて、それぞれ異なる名称で呼ばれます。「おじいさん」「おばあさん」「お父さん」「お母さん」「長男」「長女」「末っ子」といった具合です。さらに「長男」と呼ばれる人間が「おじいさん」から見ると「孫」と呼ばれ、「長女」から見ると「お兄さん」と呼ばれたりします。このように、「長男」「孫」「お兄さん」という名称は、家族のあるメンバーが他のメンバーに対して持っている関係を表しているのです。

「お父さん」「お母さん」が「働き」に相当する

　さて、たとえ話はこれくらいにして、英文のことを考えてみましょう。英文を構成する各単語は「バラバラに集まっただけで相互に特別な関係はない」というのではなく、「各単語は他の単語に対して一定の関係を持っている」のです。つまり、1 つの英文は会社や家族のようなものなのです。そこで、英文を構成する各単語は、他の単語に対して持っている関係に基づいて、それぞれ異なる名称で呼ばれます。たとえば、ある単語は「主語」と呼ばれ、別の単語は「動詞の目的語」と呼ばれるといった具合です。これは、家族のメンバーが、他のメンバーとの関係に基づいて「お父さん」とか「長男」などと呼ばれるのと同じことなのです。各単語が持っている「主語」とか「動詞の目的語」というような名称を「働き」と言います。つまり「働き」というのは、文を構成している複数の語の中で、あ

る語が他の語に対してどういう関係にあるかを表した相対的な概念なのです。

さて、この「働き」には「主語」「動詞の目的語」以外に、「前置詞の目的語」「補語」「名詞修飾」などいろいろあります。ところが、すべての語がこれらの働きのどれにでもなれる（もっと正確に言うと、これらの働きのどれにでも使える）わけではありません。この語は「補語と名詞修飾」のどちらかにしかなれないとか、この語は「名詞修飾」にはなれないというように制約があるのです。そこで、いろいろある「働き」の中で、どれになれて、どれになれないかという視点から語を分類すると、同じ制約を負った語を集めて1つのグループにすることができます。たとえば、「主語、動詞の目的語、前置詞の目的語、補語」のどれかになれて、他の働きにはなれない語のグループとか、「補語と名詞修飾」のどちらかになれて、他の働きにはなれない語のグループといった具合です。そして、各グループを区別するために別々の名前で呼びます。たとえば、今の2つのグループの前者に属する語は「名詞」と呼び、後者のグループに属する語は「形容詞」と呼ぶといった具合です。この「どの働きができるかという視点から語を分類した概念」を「品詞」というのです。

「男」「女」が「品詞」に相当する

ここでまた、たとえ話をさせてください。たとえば、人間なら誰でも1つの家族の中に入って「お父さん」でも「お母さん」でも「長男」でも「長女」でも自由になれるというわけではありません。「おじいさん、お父さん、長男」になれる人間と「おばあさん、お母さん、長女」になれる人間は異なっています。そこで、それぞれをグループ化して前者を「男」、後者を「女」と呼びます。家族と英文を比べると、「人間」が「英単語」で、「おじいさん、おばあさん、お父さん、お母さん、長男、長女」が「働き」で、「男、女」が「品詞」なのです。

ところで、「おじいさん、お父さん、長男」にはなれるが「おばあさん、お母さん、長女」にはなれない人間、つまり「男」を子細に観察すると、共通の形態上の特徴が見てとれます。「男」に分類される人間には「おちんちん」がついているのです。ところが「女」に分類される人間には「おちんちん」がついていません。あるいは、遺伝子を電子顕微鏡で観察すると、「男」に分類される人間にはX染色体とY染色体があり、「女」に分類される人間にはY染色体がなくX染色体だけなのです。そこで、「男」の定義は本来は「おじいさん、お父さん、長男にはなれるが、おばあさん、お母さん、長女にはなれない人間」なのですが、これを「おちんちんがある人間」とか、「Y染色体がある人間」と定義しても差し支えな

い(=同じ人間集団を指す)ことになります。

各品詞には共通の意味上の特徴がある

　これとちょうど同じことが品詞についても言えるのです。「主語、動詞の目的語、前置詞の目的語、補語のどれかになれて、他の働きにはなれない語」、すなわち「名詞」を子細に観察すると、共通の意味上の特徴が見てとれます。「名詞」に分類される語はみんな生物や物体や事柄の名称を表しているのです。たとえば、「犬」とか「ハサミ」とか「事故」といった具合です。それから「補語と名詞修飾のどちらかになれて、他の働きにはなれない語」、すなわち「形容詞」を子細に観察すると共通の意味上の特徴が見てとれます。「形容詞」に分類される語はみんな名詞の状態や特徴を表しているのです。たとえば、「美しい」とか「天然の」といった具合です。

　そこで、「名詞」の定義は本来は「主語、動詞の目的語、前置詞の目的語、補語のどれかになれて、他の働きにはなれない語」なのですが、これを「生物や物体や事柄の名称を表す語」と定義しても差し支えない(=同じ語群を指す)ことになります。また、「形容詞」の定義は、本来は「補語と名詞修飾のどちらかになれて、他の働きにはなれない語」なのですが、これを「名詞の状態や特徴を表す語」と定義しても差し支えない(=同じ語群を指す)ことになります。

品詞は「働き」より「意味」を基準にしたほうが判断しやすい

　ところで、ある人間が男か女かを判別するときは、その人間を家族の中に入れたとき「おじいさん、お父さん、長男」になれるか「おばあさん、お母さん、長女」になれるかを基準にするより、その人間に「おちんちん」があるか否かを基準にしたほうがずっと楽です。それと同じように、ある語が名詞か否かを判別するときは、その語を英文の中で使ったとき「主語、動詞の目的語、前置詞の目的語」になれるか否かを基準にする(補語は形容詞でもなれるので基準になりません)より、その語が「生物や物体や事柄の名称」を表しているか否かを基準にしたほうがずっと楽です。

　これを一般化して言うと、ある語の品詞を判断するときは、「働き」を基準にするよりも「意味」を基準にしたほうが楽だ、ということです。もちろん、これはすべての品詞について言えることではなく、一部の品詞は、逆の(=「働き」を基準にしたほうが楽である)こともあります。しかし、品詞の中で最も重要な4品詞(=名詞、動詞、形容詞、副詞)については原則として「意味」を基準にしたほうが楽なの

です。そこで、これからしばらく「意味」を基準にして名詞、動詞、形容詞、副詞の4品詞を識別する練習をすることにします。

≫ 2-2 名詞

「生物や物体や事柄の名称を表す語」を「名詞」と呼びます。以下に列挙する語はすべて名詞です。名詞は英語ではnounと言うので、辞書ではその頭文字をとってnと表示するのが普通です(名と表示する辞書もあります)。本書でもこれに従うことにします。

father（父親）　　dog（犬）　　　box（箱）
n　　　　　　　　n　　　　　　　n

child（子供）　　rose（バラ）　　scissors（はさみ）
n　　　　　　　　n　　　　　　　n

victory（勝利）　result（結果）　distance（距離）
n　　　　　　　　n　　　　　　　n

≫ 2-3 動詞

「生物の行動や物体の動きや事柄の変化を表す語」を動詞と呼びます。以下に列挙する語はすべて動詞です。動詞は英語ではverbというので、辞書ではその頭文字をとってvと表示するのが普通です(動と表示する辞書もあります)。本書でもこれに従うことにします。

invite（招待する）　choose（選ぶ）　die（死ぬ）
v　　　　　　　　　v　　　　　　　v

move（動く）　　　　fly（飛ぶ）　　pass（通過する）
v　　　　　　　　　v　　　　　　　v

react（反応する）　expand（拡大する）　develop（発達する）
v　　　　　　　　　v　　　　　　　　　v

ところで、invite（招待する）は人間の行動を表しているので動詞ですが、invitation（招待）は人間の行動の名称ですから名詞です。以下の各語も行動や動きや変化の名称ですから名詞です。

Lesson 2

choice（選択）　　death（死）　　movement（動き）
　n　　　　　　　　n　　　　　　　n

flight（飛行）　　passage（通過）　　reaction（反応）
　n　　　　　　　　n　　　　　　　　n

expansion（拡大）　development（発達）
　n　　　　　　　　　n

>> 2-4　形容詞

　名詞に関して、それがどのような名詞であるかを説明する語を形容詞と呼びます。たとえば、sour wine（すっぱいワイン）と言った場合、sour（すっぱい）はどんな wine（ワイン）であるかを説明しているので形容詞です。また、new information（新しい情報）と言った場合、new（新しい）はどんな information（情報）であるかを説明しているので形容詞です。形容詞は英語では adjective というので、辞書では初めの3文字をとって adj と表示するのが普通です（形と表示する辞書もあります）。しかし、本書では頭文字だけとって a と表示することにします。すると次のようになります。

　　sour　wine　　　　new　information
　　　a　　n　　　　　　a　　　n

修飾する／かかる

　ところで、この sour は wine を説明する際に、他の語の助けは一切借りずに直接的にどんな wine であるかを説明しています。このように「他の語の助けを借りずに説明すること」を「修飾する」とか「かかる」といいます。したがって、sour は wine を修飾しています。別の言い方をすると、sour は wine にかかっています。「修飾する（かかる）」を矢印で示すと次のようになります。

　　sour　wine
　　　a →　n

　同様に、new information の new は他の語の助けを借りずに直接的にどんな information であるかを説明しています。したがって、new は information を修飾しています。

品詞と働き

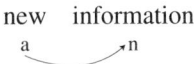

　この「修飾」という概念は、sour と wine、new と information の 2 語の関係を示しています。前に説明したように、ある語が他の語に対して持つ関係を「働き」といいます。したがって、この矢印は sour と new という語の「働き」を示しており、これを言葉で表現すると「名詞修飾」となります。そこで、sour は、品詞は形容詞で、働きは名詞修飾です。また new も、品詞は形容詞で、働きは名詞修飾です。

補語とは？
　ところで、英語では形容詞が名詞を説明するときに動詞の助けを借りることがあります。たとえば、次のような場合です。

That wine became sour. （そのワインはすっぱくなった）

　That (その) と sour (すっぱい) はどちらも wine を説明しています。ところが、その説明の仕方が違うのです。That は他の語の助けを借りずに直接的にどんなワインであるかを説明しています。したがって、That の働きは名詞修飾です。それに対して、sour は became という動詞 (became は「〜になった」という意味の「変化を表す語」で品詞は動詞です) の助けを借りて、間接的にどんなワインになったかを説明しています (もし sour の働きが名詞修飾であるなら、That sour wine「そのすっぱいワイン」という書き方になります)。このように、動詞の助けを借りて名詞を説明する形容詞の働きを「補語」といいます。したがって、この sour の働きは補語です。補語は英語では complement というので、その頭文字をとって C と表示するのが普通です。本書でもこれに従うことにします。すると、次のようになります。

That wine became sour.　(a、n、v は品詞を表し、矢印と C は働きを表しています)
　a　　n　　v　　ªC

　以上の説明をまとめると次のようになります。

Lesson 2

> 形容詞 ⇨ どのような名詞であるかを説明する語
> 説明のやり方(=働き) ⇨ 修飾と補語の2通り
> 名詞修飾 ⇨ 他の語の助けを借りずに、直接的に名詞を説明するやり方
> 補語 ⇨ 動詞の助けを借りて、間接的に名詞を説明するやり方

>> 2-5 副詞

　動詞に関して、その行動や動きや変化がいつ、どこで、どのように行われる(行われた)かを説明する語を副詞と呼びます。たとえば、speak English well (上手に英語を話す)と言った場合、speak (話す)は動詞で、English (英語)は名詞です。well (上手に)はどのように話すかを説明しているので副詞です。副詞は英語ではadverbというので、辞書では初めの3文字をとってadvと表示するのが普通です(副と表示する辞書もあります)。しかし本書では初めの2文字をとってadと表示することにします。

　それから、wellは他の語の助けを借りずに、どのように話すかを説明しています。「他の語の助けを借りずに説明すること」を「修飾する」とか「かかる」といいますから、wellはspeakにかかっています。すると次のようになります。

　　speak　English　well
　　　v　　　n　　　ad

well (上手に)は、品詞は副詞で、働きは動詞修飾です。

　もう1つやってみましょう。wept here then (そのときにここで泣いた)と言った場合、wept (泣いた)は動詞です。then (そのときに)とhere (ここで)は「いつ、どこで泣いたか」を説明しているので副詞です。しかも、この説明は他の語の助けを借りていませんから修飾です。すると次のようになります。

　　wept　here　then
　　　v　　ad　　ad

here (ここで)とthen (そのときに)は、どちらも品詞は副詞で、働きは動詞修飾です。

　形容詞に関して、それがどのように形容詞であるかを説明する語も副詞と呼ばれます。たとえばvery sour wine (非常にすっぱいワイン)と言った場合、very (非常に)はどのようにsourであるか(=すっぱいか)を説明しています。説明される語

(= sour)が形容詞ですから、説明する語(= very)は副詞です。しかも、この説明は他の語の助けを借りていませんから修飾です。すると次のようになります。

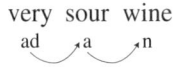

very sour wine
　ad　a　n

very（非常に）は、品詞は副詞で、働きは形容詞修飾です。

副詞について、それがどのように副詞であるかを説明する語も副詞と呼ばれます。つまり副詞は自分以外の副詞を説明することがあるのです。たとえば、answer most wisely（最も賢明に答える）と言った場合、answer（答える）は動詞です。wisely（賢明に）は answer を修飾している副詞です。most（最も）はどのように wisely であるかを説明しています。説明される語(= wisely)が副詞ですから、説明する語(= most)は副詞です。しかも、この説明は他の語の助けを借りていませんから修飾です。すると次のようになります。

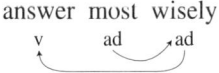

answer most wisely
　v　　ad　ad

most（最も）は、品詞は副詞で、働きは副詞修飾です。

以上の説明をまとめると次のようになります。

副詞 ⇨ 動詞がいつ、どこで、どのように行われる(行われた)かを説明する語
　　 ⇨ どのように形容詞、副詞であるかを説明する語
説明のやり方(= 働き) ⇨ 修飾だけ
動詞修飾 ⇨ 他の語の助けを借りずに直接的に動詞を説明するやり方
形容詞修飾 ⇨ 他の語の助けを借りずに直接的に形容詞を説明するやり方
副詞修飾 ⇨ 他の語の助けを借りずに直接的に副詞を説明するやり方

それでは、以上の説明に基づいて4品詞を識別する練習をしましょう。

【問1】　□で囲まれた各語の下に品詞を記入し、修飾の働きをしている語は、矢印でそれを示しなさい。

　　　　(すべての)　(金)
1.　　 all　　money

Lesson 2

2. choose (選ぶ) carefully (慎重に)
3. careful (慎重な) choice (選択)
4. study (勉強する) abroad (外国で)
5. small (小型の) active (活発な) dogs (犬)
6. totally (全く) different (違う) habits (習慣)
7. begin (始める) those (それらの) attacks (攻撃) を
8. speak (話す) English (英語) を very (非常に) fluently (流暢に)
9. speak (話す) very (非常に) fluent (流暢な) English (英語) を
10. pour (注ぎ込む) more (より多くの) public (公的な) money (資金) を
11. highly (非常に) emotional (感情的な) appeals (訴え)
12. arrive (到着する) here (ここに) safely (安全に)
13. give (与える) him (彼に) some (いくらかの) milk (牛乳) を
14. Tom's (トムの) everyday (毎日の) routine (日課)
15. put (置く) his (彼の) coat (コート) を aside (脇に)
16. often (しばしば) go (行く) there (そこに)
17. bear (耐える) that (その) burden (重荷) を patiently (忍耐強く)
18. highly (とても) enjoyable (楽しい)

品詞と働き

19. <u>very</u>(非常に) <u>shortly</u>(短時間で)

20. <u>almost</u>(ほとんど) <u>impossible</u>(不可能な)

21. <u>equally</u>(同じように) <u>valuable</u>(貴重な)

22. <u>quite</u>(きわめて) <u>obviously</u>(明白に)

23. <u>most</u>(最も) <u>typically</u>(典型的に) <u>modern</u>(現代的な)

≫ 解答・解説

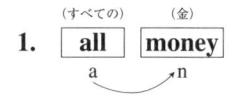

1. <u>all</u>(すべての) <u>money</u>(金)
   a → n

money は名詞で、all はそれがどのような money (= 名詞) であるかを説明しています。どのような名詞であるかを説明する語は形容詞ですから、all は、品詞は形容詞、働きは名詞修飾です。

2. <u>choose</u>(選ぶ) <u>carefully</u>(慎重に)
   v ← ad

choose は動詞で、carefully は choose (= 動詞) がどのように行われるかを説明しています。動詞がどのように行われるかを説明する語は副詞ですから、carefully は、品詞は副詞、働きは動詞修飾です。

3. <u>careful</u>(慎重な) <u>choice</u>(選択)
   a → n

choice は行動の名称ですから名詞です。careful は、それがどのような choice (= 名詞) であるかを説明しているので、品詞は形容詞、働きは名詞修飾です。

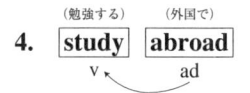

4. <u>study</u>(勉強する) <u>abroad</u>(外国で)
   v ← ad

study は「勉強」とか「書斎」という意味を表すことがあり、その場合は名詞です。しかし、ここでは「勉強する」という意味ですから動詞です。abroad は study (= 動詞) がどこで行われるかを説明しているので、品詞は副詞、働きは動詞修飾です。

≫ 2-6 名詞の複数形

　small はどのように active であるかを説明しているのではなく、どのような dogs (= 名詞) であるかを説明しています。したがって、品詞は形容詞、働きは名詞修飾です。small と active はそれぞれ別個に dogs を修飾しています。ところで、英語では、名詞が複数 (= 2 つ以上) の場合には、名詞の末尾に s をつけることになっています。この s を「複数形の s」と呼びます。「犬」という名詞は dog で、dogs の末尾の s は「複数形の s」です。したがって、small active dogs は「小型で活発な (複数の) 犬」という意味です。

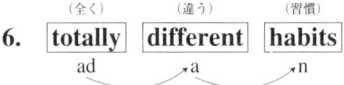

　totally はどのような habits であるかを説明しているのではなく、どのように different (= 形容詞) であるかを説明しています。「どのように形容詞であるか」を説明する語は副詞ですから、totally は、品詞は副詞、働きは形容詞修飾です。habits の末尾の s は「複数形の s」です。

≫ 2-7 助詞と語順

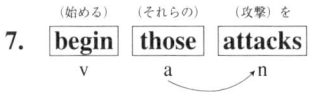

　日本語の「攻撃を」を分析すると、「攻撃」は名詞で、「を」は助詞です。つま

り、日本語では「攻撃を」は1語ではなく、2語(名詞＋助詞)なのです。英語のattacksは、このうちの名詞(＝攻撃)の部分だけを表しています。それでは、日本語の助詞(＝を)の部分はどうなるのでしょうか。

日本語の「助詞」は、英語では「語順」で表す

　実は、英語には助詞という品詞はなく、日本語で助詞が表している意味は、英語では原則として語順によって表されるのです。たとえば、日本語では「その少年に1匹のライオンを与える」と言っても「1匹のライオンをその少年に与える」と言っても、意味は同じです。つまり、「少年」と「ライオン」はどちらが先に出ても意味は同じになるのです。それは「に」と「を」という助詞によって「与える」と「少年」と「ライオン」の意味上の関係が1つに決まるからです。

　それに対して、英語では give the boy a lion という順番に並べないと「その少年に1匹のライオンを与える」という意味になりません。もし the boy と a lion を入れ替えて give a lion the boy という順番にすると「1匹のライオンにその少年を与える」という残酷な意味になってしまうのです(ローマ皇帝ネロならやりかねません)。このように、英語では語順が give と the boy と a lion の意味上の関係を決める働き(＝日本語の助詞がする働き)をしているのです。

前置詞が「助詞」の働きをすることもある

　ただし、英語には前置詞という品詞があり(前置詞は後で詳しく勉強します)、これが日本語の助詞がする働きを代行する場合があります(いつも代行するわけではありません)。たとえば、give a lion the boy の順番に並べても、the boy の前に to という前置詞を置いて give a lion to the boy というようにすると「1匹のライオンをその少年に与える」という意味になります。それは前置詞の to が後にくる名詞(＝ the boy)に「に」という意味をつける働きをしているからです。これによって、a lion には自動的に「を」という意味がつくのです。ここで「自動的に」と言ったのは、「1匹のライオンにその少年に与える」では意味が通りませんから、「その少年」に「に」がつけば、意味が通るようにするために、「1匹のライオン」には「を」をつけざるをえないことになる、という趣旨です。このように英語の前置詞が日本語の助詞に相当する場合もありますが、多くの場合、英語では語順が日本語の助詞に相当する働きをしているのです。

　さて、問題に戻って begin those attacks を考えてみましょう。ここでは、those attacks が begin の後ろにあることが「攻撃を」の「を」を表しているのです。

Lesson 2

もしこれが those attacks begin だったら、「それらの攻撃が始まる」という意味になってしまいます。この場合は those attacks が begin の前にあることが「攻撃が」の「が」を表しているのです。attacks の上に「(攻撃)を」と書いてあるのはこういう事情なのです。したがって皆さんはとりあえず（　）の中の日本語だけをヒントにして英単語の品詞を考えればよいのです。そうすると attacks は「攻撃」という意味ですから、品詞は当然「名詞」ということになります。attacks の末尾の s は「複数形の s」です。

日本語だと言葉で表される内容が、英語では言葉で表されない場合がある

　余談ですが、このように日本語だと言葉で表される内容が、英語では言葉で表されない(＝語順など、言葉以外の要素によって表される)場合があるのです。英文を読んだり書いたりするとき、どこまでが言葉(＝英単語)で表され、どこが言葉以外の要素によって表されるのかをはっきり認識していることが非常に大事です。多くの人はこの認識があやふやなので、「いくら英語を勉強してもモヤモヤしたはっきりしない部分が残る」という印象をぬぐえないのです。私たちが今行っている「各語の品詞と働きを識別する作業」は、とりもなおさず「この認識をはっきりさせる作業」に他ならないのです。

English の意味は「英語を」ではなく「英語」ですから、名詞です。fluently は speak (＝動詞)がどのように行われるかを説明しているので、品詞は副詞、働きは動詞修飾です。very はどのように fluently (＝副詞)であるかを説明しています。どのように副詞であるかを説明する語は副詞ですから、very は、品詞は副詞、働きは副詞修飾です。

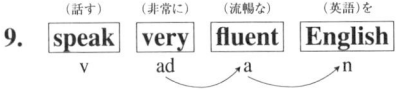

very fluent English は 6. の totally different habits と同じ構造です。

10.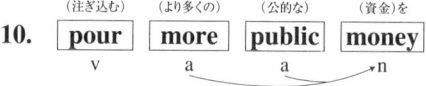

more public money は 5. の small active dogs と同じ構造です。

11. (非常に) highly (感情的な) emotional (訴え) appeals
   ad   a   n

6. の totally different habits と同じ構造です。appeals の末尾の s は「複数形の s」です。

12. (到着する) arrive (ここに) here (安全に) safely
    v   ad   ad

here と safely は arrive (=動詞) がどこで、どのように行われるかを説明しているので、品詞は副詞、働きは動詞修飾です。here と safely はそれぞれ別個に arrive を修飾しています。

≫ 2-8 代名詞

13.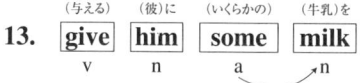

give Tom some milk (トムにいくらかの牛乳を与える) と言った場合、Tom の品詞はもちろん名詞です。ところで、トムという名前を出さなくても、相手が「この人はトムだな」とわかる場合には、同じことを give him some milk (彼にいくらかの牛乳を与える) と言うことができます。この場合、him は Tom の代わりに使われています。このように、名詞の代わりに使われる語の品詞を代名詞といいます。代名詞は him 以外にも I (私)、you (あなた)、she (彼女)、it (それ)、they (彼ら、それら)、this (これ)、that (あれ)、these (これら)、those (それら) などいろいろあります。厳密には名詞と代名詞は別の品詞なのですが、本書では、代名詞を名詞の一種と考えて同じに扱うことにします。したがって、him の品詞は名詞です。

>> 2-9 所有格の品詞は形容詞

14.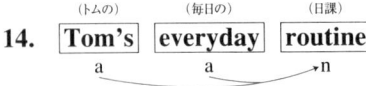

　名詞の末尾に「'（この符号はアポストロフィと呼ばれます）」と「小文字のs」をつけると、所有の意味を表す形容詞に変化します。たとえば、Tom（トムという人名）の末尾に「's」をつけてTom'sにすると「トムの」という意味の形容詞になります。あるいはchildrenの末尾に「's」をつけてchildren'sにすると「子供たちの」という意味の形容詞になります。これらはいずれも形容詞ですから名詞を修飾することができます。たとえば次のようになります。

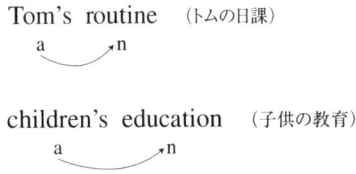

　このような、名詞の末尾に「's」をつけて作られた「所有の意味を表す形容詞」は一般の文法書では「所有格」と呼ばれ、品詞はあくまでも名詞である、とされます。つまり「Tom'sは、品詞は名詞、呼び名は所有格、働きは名詞修飾である」というように扱われるのです。しかし、本書では所有格の品詞は名詞ではなく、形容詞であると考えることにします。したがって、「Tom'sは、品詞は形容詞、呼び名は所有格、働きは名詞修飾である」と考えてください。

>> 2-10 代名詞の所有格

15.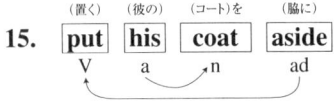

　形容詞の働きはいつも名詞修飾とは限りません。補語という働きをすることもあります（p.013を見てください）。つまり、形容詞の働きは「名詞修飾」と「補語」の2つがあるのです。それと同様に、名詞の働きには「主語」と「動詞の目的語」

と「前置詞の目的語」と「補語」の4つがあります。これらの名詞の働きは、名称を p.009 で1度紹介しただけで、それがどのようなものであるかはまだ全くお話ししていません。本書ではこの後で主語 (p.026) と前置詞の目的語 (p.052) を勉強します。動詞の目的語と補語 (名詞の働きとしての補語です) は原則として本書では扱わず、『英語リーディング教本』で勉強します。

ところで名詞は4つのどの働きをするときも形が変わりません。たとえば Tom は主語になるときも、動詞の目的語になるときも、前置詞の目的語になるときも、補語になるときも、いつも Tom のままです。

代名詞は「働き」によって形が違うことがある

ところが、Tom を代名詞 (=彼) にすると、事情が違ってきます。英語では「彼」という代名詞には he と him の2つがあり、働きが「主語」のときは he を使い、「動詞の目的語」と「前置詞の目的語」のときは him を使い、「補語」のときは he または him を使う、というように使い分けることになっているのです。たとえば、13. の give him some milk (彼にいくらかの牛乳を与える) では、him の働きは「動詞の目的語」なのです。ですから him を使っているのです。これを he を使って give he some milk としたら誤りになります (he は主語か補語で使う形だからです)。

まだ名詞の働きは全然勉強していないので、少しわかりにくい話になりました。皆さんは、とりあえず、ここでは「『彼』という代名詞には he と him の2つがあって、それを一定の基準で使い分けるのだな」と考えてくれればよいのです。

代名詞の所有格には「's」はつかない

それでは説明を進めましょう。14. でお話ししたように、名詞を所有格にするときは末尾に「's」をつけます。ところが、代名詞を所有格にするときは「's」をつけません。どうするかというと、代名詞には所有格を表す特別な形が元々あるのです。たとえば、he、him (=「彼」という意味の代名詞) の所有格は his といいます。his は「彼の」という意味の形容詞です。あるいは it (=「それ」という意味の代名詞) の所有格は its といいます (it's ではありません。its です)。its は「それの」という意味の形容詞です。したがって、his coat (彼のコート) は、his という形容詞が coat という名詞を修飾しているのです。

aside (脇に) は put を修飾している副詞です。

023

Lesson 2

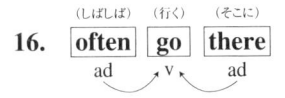

16. **often** (しばしば) ad | **go** (行く) v | **there** (そこに) ad

there と often は go (= 動詞) が、どこで、どのように行われるかを説明しているので、品詞は副詞、働きは動詞修飾です。often と there はそれぞれ別個に go を修飾しています。

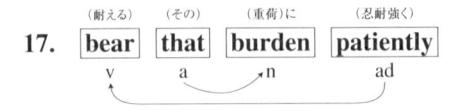

17. **bear** (耐える) v | **that** (その) a | **burden** (重荷) に n | **patiently** (忍耐強く) ad

15. の put his coat aside と同じ構造です。that は「それ」という意味のときは代名詞 (本書では名詞として扱います) ですが、「その」という意味のときは形容詞です。

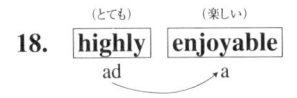

18. **highly** (とても) ad | **enjoyable** (楽しい) a

enjoyable は名詞でも動詞でもありません。今は4品詞の識別を練習しているのですから、名詞でも動詞でもないとすると形容詞か副詞のどちらかです。形容詞、副詞の働きは原則として修飾です (形容詞は補語という、修飾とは違う働きをすることもあります)。そこで、enjoyable はどんな言葉を修飾するかを考えます。すると、たとえば enjoyable life (楽しい生活) とか enjoyable recreation (楽しい気晴らし) などが考えられます。つまり、enjoyable は名詞を修飾するのです。したがって、品詞は形容詞です。

ただし、この問題では enjoyable がどの名詞を説明しているかは示されていません。したがって、enjoyable が名詞を説明するやり方 (= enjoyable の働き) が名詞修飾なのか補語なのかは、この状態では不明です。そこで、enjoyable の下には品詞だけを書いておけばいいのです。

highly は形容詞を修飾しているので副詞です。

19. **very** (非常に) ad | **shortly** (短時間で) ad

shortly は名詞でも動詞でもないので形容詞か副詞です。そこで、shortly はどんな言葉を修飾するかを考えます。すると、たとえば arrive shortly（短時間で到着する → まもなく着く）とか finish shortly（短時間で終わる → まもなく終わる）などが考えられます。つまり shortly は動詞を修飾するのです。したがって、品詞は副詞です。ただし、この問題では shortly がどの語を修飾しているかは示されていません。そこで、shortly の下には品詞だけを書けばよいのです。very は副詞を修飾しているので副詞です。

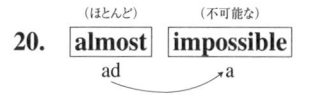

20. (ほとんど)almost (不可能な)impossible
    ad   a

たとえば、almost impossible assignment（ほとんど不可能な任務）のようにつながりますから impossible は形容詞です。

21. (同じように)equally (貴重な)valuable
    ad   a

たとえば、equally valuable counsel（同じように貴重な助言）のようにつながりますから valuable は形容詞です。

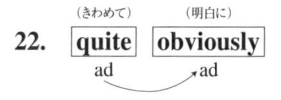

22. (きわめて)quite (明白に)obviously
    ad   ad

たとえば quite obviously wrong（極めて明白に間違っている）のようにつながります。wrong（間違っている）は wrong answers（間違っている答え）のように名詞を修飾するので形容詞です。obviously は形容詞（この例の場合は wrong）を修飾するので副詞です。quite は副詞（= obviously）を修飾しているので副詞です。

23. (最も)most (典型的に)typically (現代的な)modern
    ad   ad   a

modern は modern women（現代的な女性）のようにつながるので形容詞です。typically は形容詞（= modern）を修飾しているので副詞です。
「最も」という語は「最も現代的な」というように使ったときは「現代的な」を

修飾していますが、「最も典型的に現代的な」というように使ったときは「現代的な」ではなく「典型的に」を修飾しています。したがって、most は typically を修飾する副詞です。

≫ 2-11　主語と文

　さて、前に定義したように、動詞は「行動や動きや変化を表す語」ですが、動詞が表している行動や動きや変化の主体となる名詞の働きを「主語」といいます。別の言い方をすると、「誰が、あるいは何が、動詞が表している行動や動きや変化をするのか」を表す語を主語と呼び、主語には必ず名詞がなるのです。

　これまでの練習に出てきた動詞は、すべて主語がついていませんでした。たとえば、study abroad（外国で勉強する）にしても speak English very fluently（英語を非常に流暢に話す）にしても「誰が勉強するのか」「誰が話すのか」は示されていません。つまり、study も speak も主語がついていないのです。そこで、主語をつけてみましょう。すると次のようになります。

They study abroad.
（彼らは外国で勉強する）

Those people speak English very fluently.
（それらの人々は英語を非常に流暢に話す）

　上の例の They と people の働きを「主語」と言います（They は study の主語で、people は speak の主語です）。主語は英語で subject というので、頭文字をとって大文字の S で表します。すると They と people の下には ⁿS（= 品詞は名詞で、働きは主語）と書くことになります。しかし、実際には n は書かずに S だけを書きます。なぜなら、主語になれる品詞は名詞だけなので、S と書けば、自動的に品詞（= 名詞）も示されたことになるからです。

動詞に主語をつけると「文」になる

　それから、動詞を中心とする語群（たとえば study abroad や speak English very fluently）は、それだけでは「文」になりません。その動詞に主語をつけたときはじめて「文」になるのです。文は先頭に来る語の頭文字を大文字にし、文の末尾

には「.(この符号はピリオドと呼ばれます)」をつけることになっています。

study abroad は文ではありませんから、全部小文字でピリオドもついていません。それに対し、They study abroad. は文ですから、大文字で始まり、末尾にピリオドがついているのです。それでは、今の2つの文をもう一度分析してみましょう。次のようになります。

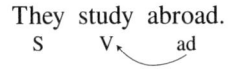

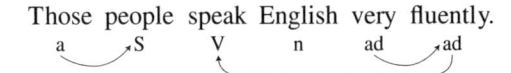

They study abroad.
　S　　V　　ad

Those people speak English very fluently.
　a　　S　　V　　n　　ad　　ad

>> 2-12　冠詞

　これまでに1度も出てきていない品詞に冠詞という品詞があります。冠詞には定冠詞と不定冠詞の2種類があります。定冠詞は具体的には the です。不定冠詞は具体的には a と an です。冠詞は名詞の前につきます。たとえば the dog とか a dog とか an orange といった具合です。
　冠詞は実は形容詞の一種で、名詞がどのような名詞であるかを説明しています。たとえば the は「その」とか「例の」という意味で、the dog といえば「その犬」とか「(あなたも知っている)例の犬」という意味になります(「犬という動物」という意味になることもありますが、ここでは深入りしません)。
　また、a と an は「1つの」とか「ある」という意味で a dog といえば「1匹の犬」とか「ある犬」という意味になります。an は次にくる語の発音が母音(=アイウエオ)で始まる場合に使います。a はそれ以外の場合に使います。orange (オレンジ)は発音が母音で始まるので a ではなく an がついてくるのです。
　もう1つ例をあげましょう。軍隊の中で警察活動を行う兵科を「憲兵」といいます。英語では憲兵のことを MP といいます。これは Military Policeman (軍隊の警察官)の略です。ところで MP の発音は「エムピー」で、母音(=エ)で始まります。したがって、「一人の憲兵」というときは an MP と言うのです。同じ理由で「1回の SOS (=万国共通の遭難信号)」というときは an SOS となります。

Lesson 2

冠詞については品詞も働きも表示しないことにします

　ところで、さきほど、the の意味は「その、例の」で、a と an の意味は「1つの、ある」だと言いました。しかし、冠詞が表す意味はもっとずっと複雑で、一筋縄ではいきません。だからこそ、普通の形容詞とは区別して、冠詞という別の品詞として扱っているのです。しかし、私たちの当面の目標である「品詞の識別」という観点からは、the や a や an は見ただけですぐに冠詞とわかるので特に困ることはありません (the は副詞になることもありますが、それを勉強するのはもっとずっと後のことです)。そこで、本書では冠詞について特別な記号で品詞や働きを表示することはしないことにします。したがって、たとえば次のようになります。

```
I thought the man a fine gentleman.
S   V        n      a      n
```

>> 2-13　名詞＋名詞

　日本語でも英語でも複数の名詞を組み合わせて1つの名詞にすることがあります。たとえば「英語教育」とか「価格操作」とか boy friend とか health education (健康教育) といった具合です。このような場合は、boy friend、health education をそれぞれ1語の名詞として扱います。

　したがって、たとえば次のようになります。

```
boy friend           health education
    n                       n
```

それでは、以上の説明に基づいて再び4品詞を識別する練習をしましょう。

【問2】　次の英文の各語の下に品詞を記入し、主語の働きをしているものはSと書き、修飾の働きをしている語は矢印でそれを示しなさい。ただし、冠詞については何も記入しないことにします。なお、意味がわからない単語については語注を参考にしてください。

1.　John speaks several languages.

2.　Your beautiful letter moved me very deeply.

3. The interviewer asked rather superficial questions.

4. We believe Tom an honest boy.

5. The children behaved very well.

6. They signed a peace treaty.

7. Everybody makes careless mistakes sometimes.

8. I received your letter yesterday.

9. He satisfied all his basic needs.

10. Her strange costume attracted our attention.

11. The budget committee took every possible measure.

(語注) speaks「話す」/ several「いくつかの」/ languages「言葉」/ beautiful「美しい、すてきな」/ letter「手紙」/ moved「動かした」/ very「非常に」/ deeply「深く」/ interviewer「記者」/ asked「尋ねた」/ rather「かなり、相当」/ superficial「表面的な」/ question「質問」/ believe「信じる」/ honest「正直な」/ boy「少年」/ children「子供たち」/ behaved「ふるまった」/ well「よく」/ signed「署名した」/ peace「平和」/ treaty「条約」/ everybody「すべての人」/ makes「作る、冒す」/ careless「不注意な」/ mistakes「過ち」/ sometimes「ときどき」/ received「受け取った」/ yesterday「昨日」/ satisfied「満足させた」/ basic「基本的な」/ needs「必要」/ strange「奇妙な」/ costume「衣装」/ attracted「引きつけた」/ attention「注意」/ budget「予算」/ committee「委員会」/ took「取った」/ every「あらゆる」/ possible「可能な」/ measure「手段」

>> 解答・解説

1. John speaks several languages.
   （ジョン）は（話す）（いくつかの）（言葉）を
   S   V   a   n

（ジョンは数ヶ国語を話す）

languages の末尾の s は「複数形の s」です。

2. Your beautiful letter moved me very deeply.
   （あなたの）（すてきな）（手紙）は（感動させた）（私）を（とても）（深く）
   a   a   S   V   n   ad   ad

（あなたのすてきなお手紙に、私はとても感動しました）

Lesson 2

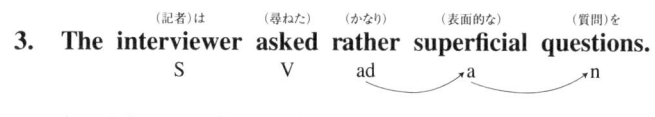

3. The interviewer asked rather superficial questions.
   　　(記者)は　(尋ねた)　(かなり)　(表面的な)　(質問)を
   　S　　　V　　ad　　a　　n

   (その記者はかなり表面的な質問をした)

   questions の末尾の s は「複数形の s」です。

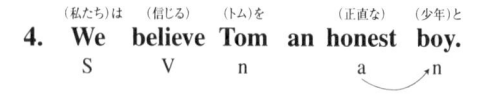

4. We believe Tom an honest boy.
   (私たち)は (信じる) (トム)を (正直な) (少年)と
   　S　　V　　n　　a　　n

   (私たちはトムを正直な少年だと信じている)

5. The children behaved very well.
   (子供たち)は (振舞った) (とても) (よく)
   　S　　　　V　　ad　ad

   (子供たちはとても行儀がよかった)

   child (子供) の複数形は childs ではなく、children になります (複数形の例外です)。

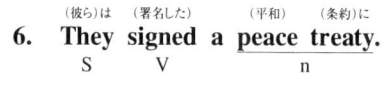

6. They signed a peace treaty.
   (彼ら)は (署名した) (平和) (条約)に
   　S　　V　　n

   (彼らは平和条約に署名した)

   peace と treaty を組み合わせて「peace treaty (平和条約)」という1つの名詞にしています。

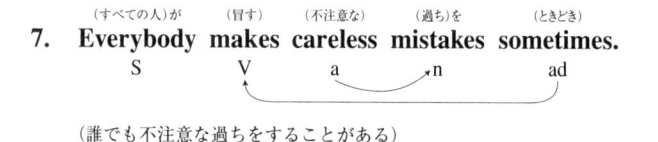

7. Everybody makes careless mistakes sometimes.
   (すべての人)が (冒す) (不注意な) (過ち)を (ときどき)
   　S　　　V　　a　　n　　ad

   (誰でも不注意な過ちをすることがある)

   mistakes の末尾の s は「複数形の s」です。

8. I received your letter yesterday.
   S V   a   n   ad

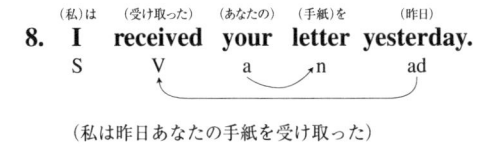

（私は昨日あなたの手紙を受け取った）

9. He satisfied all his basic needs.
   S   V   a   a   a   n

（彼は自分の基本的な必要をすべて満足させた）

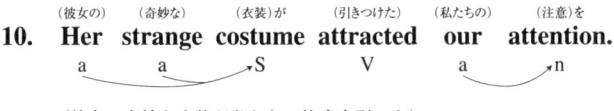

needs の末尾の s は「複数形の s」です。

10. Her strange costume attracted our attention.
    a   a   S   V   a   n

（彼女の奇妙な衣装が私たちの注意を引いた）

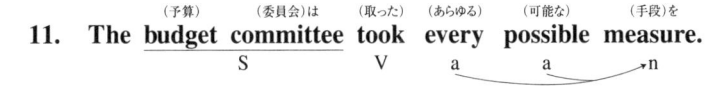

11. The budget committee took every possible measure.
        S   V   a   a   n

（予算委員会はあらゆる可能な手段を取った）

budget と committee を組み合わせて budget committee（予算委員会）という１つの名詞にしています。

≫ 2-14　状態を表す語

さて、これまでは「働き」ではなく、「意味」を基準にして品詞の識別を行ってきました。名詞、動詞、形容詞、副詞の４品詞に関しては、原則としてそのほうが識別しやすいからです。

名詞の状態を説明する語は「意味」では品詞を識別できない

ところが、意味だけでは品詞の識別ができない場合があるのです。それは状態を表す語の場合です。たとえば、be と exist と present はどれも「存在している」という意味を表します。ところが、be と exist は動詞で、present は形容詞なのです。また、know と familiar はどちらも「知っている」という意味を表します。

ところが know は動詞で familiar は形容詞なのです。

　前に動詞を定義したとき「生物の行動や物体の動きや事柄の変化を表す語を動詞と呼びます」と言ったのですが、実は動詞は「生物、物体、事柄の状態を表す」こともあるのです。しかし、なんといっても、名詞の状態を説明する語は形容詞が基本です。そこで、これらの語の場合は動詞なのか形容詞なのか「意味」では識別できないので、「働き」を基準にして識別することになります。つまり、その語が英文中で使われているとき、「動詞の働き」をしているか、それとも「形容詞の働き」をしているかによって品詞を識別するわけです。

　しかし、このように識別するためには、その語が英文の中で使われていなければなりません。その語だけを見て品詞を識別することはできないことになります。また、識別する人が「動詞の働き」「形容詞の働き」を知っていなければなりません。私たちは「形容詞の働き(＝名詞修飾か補語)」は学びましたが、「動詞の働き」についてはまだ全く勉強していません。したがって、know(知っている)と familiar(知っている)という2つの語だけを見せられて、品詞を答えなさいと言われたら、困ってしまいます。

辞書を調べて「品詞」を判断する

　そこで、このような場合は辞書で調べます。辞書に「v 知っている」と表示されていれば動詞(know はこれです)と判断し、「adj 知っている」と表示されていれば形容詞(familiar はこれです)と判断するわけです。

　「存在している」の場合も、辞書に「v 存在している」と表示されていれば動詞(be と exist はこれです)、「adj 存在している」と表示されていれば形容詞(present はこれです)と判断するわけです。

≫ 2–15　形容詞か副詞か？

　それから、形容詞の働きが補語の場合も、品詞の判断に困ることがあります。形容詞(働きは補語)なのか副詞(働きは動詞修飾)なのか迷ってしまうのです。たとえば、つぎの2つの文を見てください。

We felt differently.
(我々は違うふうに感じた)

We felt hungry.
（我々は空腹に感じた）

これは意味を考えているだけでは differently と hungry の品詞の違いは感じとれません。こういうときも辞書を調べます。すると、次のように出ています。

differently adv 異なって、違うように
hungry adj 空腹の、飢えている

これから、differently は、品詞は副詞で、働きは動詞修飾であることがわかります。また、hungry は、品詞は形容詞で、働きは補語であることがわかります。hungry は、felt という動詞の助けを借りて We の状態を説明しているので、補語なのです。次のようになります。

We felt differently.
 S   V   ad

We felt hungry.
 S   V   ªC

≫ 2-16　複数の品詞をもつ語

それから、辞書を調べると１つの語に複数の品詞が出ていることがあります。たとえば work を調べると次のように出ています。

work　　n 仕事、作品
　　　　v 働く

このような場合は、辞書を調べただけでは work の品詞は決まりません。前後にどのような品詞が来ているかによって判断するのです。次の２つを比べてみましょう。

steady work
work steadily

辞書を調べると次のように出ています。

steady　adj　着実な
steadily　adv　着実に

steady と steadily の品詞から、次のように決まります。

steady　work　（着実な仕事）
　　a　　　n

work　steadily　（着実に仕事する）
　v　　　ad

語順で「品詞」を判断する場合もある

それでは、次の2つはどうでしょうか。

hard work
work hard

辞書で hard を調べると次のように出ています。

hard　　　adj　困難な
　　　　　adv　一生懸命に

　work に名詞と動詞があり、hard に形容詞と副詞がありますから、形容詞と名詞を組み合わせると「困難な仕事」となり、副詞と動詞を組み合わせると「一生懸命に働く」となります。問題は hard work がどちらの意味で、work hard がどちらの意味かということです。
　この場合は語順によって判断します。「名詞修飾の形容詞」は名詞の前に置くのが原則です。それに対して「様態を表す副詞」は動詞の後に置くのが原則です。このことから、次のように決まります。

hard　work　（困難な仕事）
　a　　　n

work hard　（一生懸命に働く）
　V　　ad

≫ 2-17　be 動詞と誘導副詞 there

　さきほど「状態を表す語」の説明をしたとき、be という動詞(これは be 動詞と呼ばれます)が出てきました。この動詞は非常によく使われるので、ここで be 動詞のことを勉強しておきましょう。

　まず、be という動詞(= be 動詞)は英文中で be のまま使われることもありますが、それは比較的少なく、am、is、are、was、were、been、being というように形を変えて使われるほうが多いのです。このように動詞が英文中で形を変えることを「活用」といいます。「活用」は「品詞」「働き」と並んで、極めて重要な概念です。本書では次のレッスンで活用を徹底的に勉強します。とりあえずここでは「be 動詞は be が基本形で(正式には「原形」といいます)、他に am、is、are、was、were、been、being というバリエーションがある」と考えておいてください。

「存在する、存在している」という意味の be 動詞

　さて、be 動詞には意味が 2 つあります。1 つはさきほど紹介した「存在する、存在している」という意味です。たとえば、次のような場合です。

　God is.　（神は存在する）
　　S　V

　Then I was there.　（そのとき、私はそこにいた）
　 ad　 S　V　　ad

　There were many apples there.　（そこにはたくさんのりんごがあった）
　誘導 ad　V　　a　　S　　　ad

誘導副詞の there

　There were many apples there. という文には there が 2 つ使われています。文頭の There は「誘導の副詞」と呼ばれる特別な副詞で、主語(= apples)の前に動詞(= were)を誘導する(= 引き出す)働きをしています。したがって、誘導副詞の there を使うと後ろが V + S という語順(S + V が普通の語順なので、V + S は倒置形

と呼ばれます)になります。誘導副詞の there は S の前に V を誘導する働きをしているだけで、とくに固有の意味は表していません。したがって、There were many apples. だけだと「たくさんのりんごがあった」という意味になります。場所を明示して「そこにたくさんのりんごがあった」と言いたいときは、場所を表す副詞の there (そこに)をつけなければなりません。それが文末の there です。

「～である」という意味の be 動詞

be 動詞はもう 1 つ「～である」という意味を表すことがあります。～にあたる言葉は名詞か形容詞で、～を置く位置は日本語とは逆で、be 動詞の後です(日本語では～は「である」の前に置きます)。たとえば次のような場合です。

```
    (その)  (音楽)は (だった) (とても)  (美しい)
    The  music  was  very  beautiful.
     S      V    ad      ᵃC
```

(その音楽はとても美しかった)

beautiful という形容詞は、どんな music かを説明しています。その際、was という動詞の助けを借りています(動詞の助けを借りないで説明するとき、すなわち名詞修飾のときは the beautiful music となります)。したがって、beautiful の働きは補語です。beautiful の下の ᵃC という記号は「品詞は形容詞で、働きは補語だ」ということを表しています。もう 1 つ見てみましょう。

名詞が「補語」の働きをすることもある

```
    (私)は (だった) (一人の) (赤ん坊) (そのとき)
    I    was    a    baby   then.
    S     V          ⁿC      ad
```

(私はそのとき赤ん坊だった)

この文は～の位置に名詞(= baby) を置いています。このように be 動詞を「～である」という意味で使ったとき、～の位置には名詞か形容詞を置きます。この形容詞の働きは今説明したように補語ですが、この名詞(=～の位置に置いた名詞)の働きも同様に補語と呼ばれます。ですから、baby の下に ⁿC と書いてあるのです(ⁿC は「品詞は名詞で、働きは補語だ」ということを表しています)。

名詞の働きが補語となるのは、この場合(=「～である」という意味を表す be 動詞の

後ろに置かれた場合)だけではありません。他にもあります。しかし、その詳しい説明は『英語リーディング教本』に譲ることにして、とりあえず本書では名詞の働きを補語と呼ぶのはこの場合(=「～である」という意味を表すbe動詞の後ろに置かれた場合)だけということにしてください。

be は動詞ではなく、助動詞のこともある

　なお、1つ注意すべきことがあります。それは英文中に be (=基本形=原形)、am、is、are、was、were、been、being (この7つは be のバリエーション)が出てきたら必ず be 動詞とは限らないということです。この後で勉強しますが、英語には助動詞という、動詞とは別の品詞があり、be、am、is、are、was、were、been、being は助動詞の場合があるのです。動詞の be (=be動詞)と助動詞の be (これは動詞ではありませんから be 動詞とは呼びません)を区別することは非常に大事です。しかし、今はまだ助動詞という品詞自体を勉強していないのですから、皆さんは助動詞の be を考える必要はありません。当面 be、am、is、are、was、were、been、being が出てきたら、すべて動詞(=be動詞)と考えるようにしてください。

be 動詞以外の動詞は一般動詞と呼ばれる

　ちなみに be 動詞以外のすべての動詞は「一般動詞」と呼ばれます。したがって、choose も speak も arrive も一般動詞です。
　さて、それではまた4品詞の識別を練習しましょう。今度は日本語の注は一部の語にしかつけてありません。したがって、皆さんは、必要があれば、適切に辞書を調べて判断してください。

【問3】　各語の下に品詞を記入し、主語、補語、修飾の働きをしている語はS、C、矢印でそれを示しなさい。ただし、冠詞については何も記入しないことにします。

1. That town was culturally barren.

2. Horses are useful animals.

3. Nowadays computers are everywhere.

4. There is an iceberg dead ahead.

5. Their political opinions differ greatly.

Lesson 2

6. Their political opinions are utterly different.

7. John resembles his famous ancestor.

8. The two paintings are curiously similar.

9. He found the book easily.

10. He found the book easy.

11. His sister is very pretty.

12. She sang pretty well.

13. This instrument sounds well.

14. His statement sounds true.

15. The view is morally sound.

16. His company published several monthly magazines.

17. His company edited several magazines monthly.

18. This magazine is an informative monthly.

>> 解答・解説

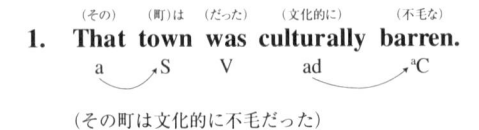

1. That town was culturally barren.
　　(その) (町)は (だった) (文化的に) (不毛な)
　　 a   S   V   ad   ªC

(その町は文化的に不毛だった)

この was (= be 動詞)は「〜だった」という意味です。〜のところには形容詞か名詞がきて、その形容詞・名詞の働きを「補語」といいます。barren (不毛な)は形容詞で補語です。

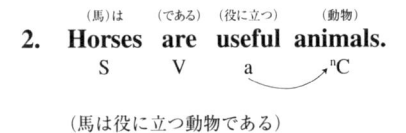

2. Horses are useful animals.
　　(馬)は (である) (役に立つ) (動物)
　　 S   V   a   ⁿC

(馬は役に立つ動物である)

この are (＝be 動詞)は「～である」という意味です。animals は名詞で補語です。

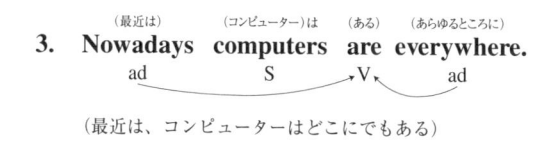

3. Nowadays computers are everywhere.
   　　(最近は)　　(コンピューター)は　(ある)　(あらゆるところに)
   　　　ad　　　　　S　　　　V　　　ad

   (最近は、コンピューターはどこにでもある)

この are (＝be 動詞)は「存在する、存在している」という意味です。

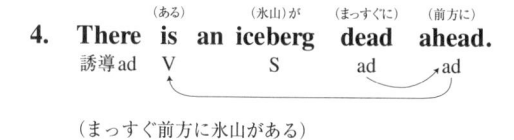

4. There is an iceberg dead ahead.
   　　　　(ある)　(氷山)が　(まっすぐに)(前方に)
   誘導ad　V　　S　　　　　ad　　ad

   (まっすぐ前方に氷山がある)

この is (＝be 動詞)は「存在する、存在している」という意味です。誘導副詞の there によって is が主語(＝an iceberg)の前に引き出されています。
　dead は普通は「死んでいる」という意味の形容詞なのですが、この文の dead は「まっすぐに」という意味の副詞で ahead を修飾しています。

5. Their political opinions differ greatly.
   (彼らの)(政治的な)(意見)は　(異なっている)(大いに)
   　a　　　a　　　S　　　　V　　　　ad

   (彼らの政治的意見は大きく異なっている)

differ は「異なっている」という意味の「状態を表す動詞」です。

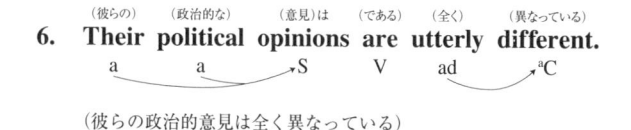

6. Their political opinions are utterly different.
   (彼らの)(政治的な)(意見)は　(である)　(全く)　(異なっている)
   　a　　　a　　　S　　　V　　　ad　　　　aC

   (彼らの政治的意見は全く異なっている)

different は「異なっている」という意味の形容詞です。

7. John resembles his famous ancestor.
   (ジョン)は(似ている)(彼の)(有名な)(先祖)に
   　S　　　V　　　a　　a　　　n

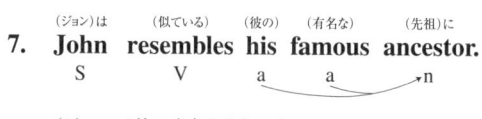

   (ジョンは彼の有名な先祖に似ている)

Lesson 2

resembles は「似ている」という意味の「状態を表す動詞」です。

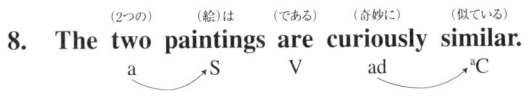

8. The two paintings are curiously similar.
　　(2つの)　(絵)は　　(である)　(奇妙に)　(似ている)
　　　a　　S　　　V　　　ad　　　aC

（その2つの絵は妙に似ている）

similar は「似ている」という意味の形容詞です。

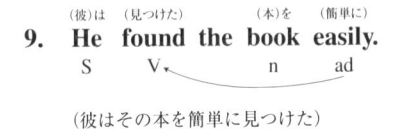

9. He found the book easily.
　　(彼)は (見つけた)　(本)を　(簡単に)
　　S　　V　　　　n　　ad

（彼はその本を簡単に見つけた）

found は find (＝基本形＝原形) のバリエーションです。find は「find 名詞」で「名詞を見つける」という意味を表す使い方があります。この文の found はこの使い方です。

easily は「簡単に」という意味の副詞で、found を修飾しています。

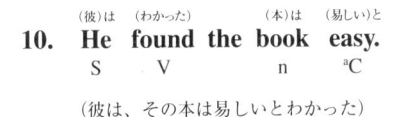

10. He found the book easy.
　　(彼)は (わかった)　(本)は (易しい)と
　　S　　V　　　　n　　　aC

（彼は、その本は易しいとわかった）

find は「find 名詞 形容詞」で「名詞は形容詞であるとわかる」という意味を表す使い方があります。この文の found はこの使い方です。

easy は「簡単な」という意味の形容詞で、the book の状態を説明しています。その際、found という動詞の助けを借りて間接的に説明しているので、働きは補語です。もし、動詞の助けを借りずに直接的に the book の状態を説明する（＝名詞修飾）なら the easy book（その易しい本）になります。

11. His sister is very pretty.
　　(彼の) (妹)は (である) (とても) (かわいい)
　　　a　　S　　V　　ad　　aC

（彼の妹はとてもかわいい）

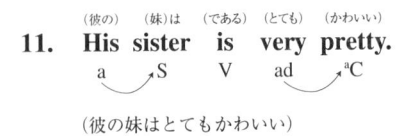

この pretty は「かわいい」という意味の形容詞です。

12. She sang pretty well.
    S   V   ad   ad

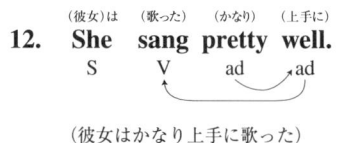

（彼女はかなり上手に歌った）

この pretty は「かなり、相当」という意味の副詞です。

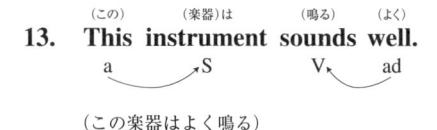

13. This instrument sounds well.
    a   S   V   ad

（この楽器はよく鳴る）

14. His statement sounds true.
    a   S   V   ᵃC

（彼の言葉は本当のように聞こえる）

　sound という動詞は「sound 形容詞」で「形容詞のように聞こえる」という意味を表す使い方があります。この文の sounds (この、末尾に s がついた形は sound のバリエーションです)はこの使い方です。true は「本当の、真実の」という意味の形容詞で、動詞(= sounds)の助けを借りて名詞(= His statement)の状態を間接的に説明しているので働きは補語です。ちなみに true を副詞にすると truly（本当に）となり、名詞にすると truth（真実）となります。

15. The view is morally sound.
    S   V   ad   ᵃC

（その見解は道徳的に健全である）

この sound は「健全な」という意味の形容詞です。

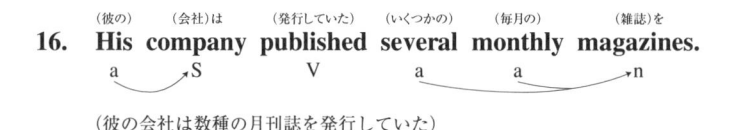

16. His company published several monthly magazines.
    a   S   V   a   a   n

（彼の会社は数種の月刊誌を発行していた）

この monthly は「毎月の」という意味の形容詞です。

041

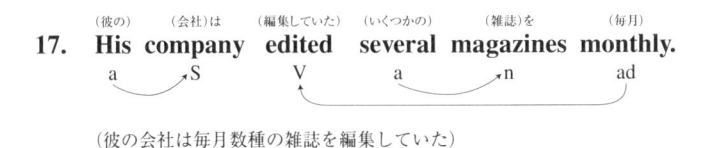

17. His company edited several magazines monthly.
   　　(彼の)(会社)は (編集していた)(いくつかの)(雑誌)を (毎月)

   (彼の会社は毎月数種の雑誌を編集していた)

   この monthly は「毎月」という意味の副詞です。

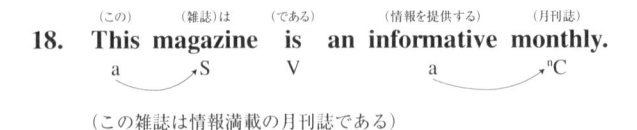

18. This magazine is an informative monthly.
   　　(この)(雑誌)は (である) (情報を提供する)(月刊誌)

   (この雑誌は情報満載の月刊誌である)

   この monthly は「月刊雑誌」という意味の名詞です。

Lesson **3**
助動詞・前置詞・等位接続詞

Lesson 3

≫ 3–1　助動詞

　これまでの練習によって基本4品詞の識別は大分できるようになったと思います。そこで、さらに3つの新しい品詞(＝助動詞と前置詞と等位接続詞)を勉強しましょう。

　まず助動詞です。助動詞は動詞の前について、動詞の表現の幅を広げる働きをする語です。

　表現の幅を広げるというのは次の2つです。

（1）　動詞に意味を添える

　Vできる、Vするかもしれない、Vするべきだ、Vしてしまった、Vされる、といった表現の下線を引いた部分を助動詞が表します。

　たとえば、動詞に can という助動詞をつけると「Vできる」という意味を表します。may という助動詞をつけると「Vするかもしれない」または「Vしてもよい」という意味を表します。should や ought to という助動詞をつけると「Vするべきだ」という意味を表します。have という助動詞をつけると「Vしてしまった」という意味を表し、be という助動詞(be 動詞ではありません。助動詞です)をつけると「Vされる」とか「Vしている」という意味を表します。

（2）　否定文や疑問文を作る

　否定文や疑問文を作るときは do という助動詞を使います。ただし、動詞にすでに do 以外の助動詞(たとえば may や can など)がついているときや、動詞が be(＝be 動詞)のときは do を使う必要はありません。具体的にやってみましょう。

　I like music.(私は音楽が好きです)を否定文にする手順を説明します。

　like は一般動詞で(＝be 動詞ではなく)しかも助動詞がついていません。こういうときは、否定文にするには助動詞の do を使います。ただし、助動詞はやたらと動詞につけられるというものではありません。前に be 動詞について説明したとき、「be は基本形(＝原形)で、他に am、is、are、was、were、been、being というバリエーションがある」とお話ししましたが、このような基本形(＝原形)とそのバリエーションは一般動詞(＝be 動詞以外の動詞)にもあるのです。

助動詞は原則として動詞の基本形(＝原形)につけます

　そして、助動詞は原則として動詞の基本形(＝原形)につけることになっているの

です。
　今の英文で使われている動詞(= like)の基本形(= 原形)は like です。そこで、これに助動詞の do をつけると do like になります。次に否定文にするときは not という否定の意味(=「ない」という意味)を表す副詞で動詞を修飾します。not を置く位置は助動詞と動詞の間です。すると do not like となります。これで完成です。文全体は次のようになります。

　　　　　　(原形)
　　I　do　not　like　music.　　(私は音楽が嫌いです)
　　S　aux　ad　 V　　 n

助動詞は aux と表示します
　助動詞は英語で auxiliary verb というので、辞書では「aux.v.」と表示するのが普通です(助と表示する辞書もあります)。本書では aux と表示することにします。

「助動詞 + not」の短縮形
　do not は、この 2 語を合わせて 1 語の短縮形にすることができます。どうするかというと、まず do と not をつないで donot にします。次に 2 番目の o の字を省略し、そこに文字を省略した印として「 ' 」(この符号はアポストロフィと言います)を置きます。すると don't になります。これが do not の短縮形です。これを使うと次のようになります。

　　I　don't　like　music.
　　S　aux　ad　 V　　 n

　次に疑問文にしてみましょう。「私は音楽が好きなのだろうか?」という自問自答もありえますが、普通は他人に「私は音楽が好きですか?」と尋ねることはありません。そこで「あなたは音楽が好きですか?」という疑問文にします。さきほどやったように、like に助動詞の do をつけると do like になります。次に疑問文にするときは助動詞を主語の前に移動させます。すると Do you like となります。これで文末に?(この符号はクエスチョンマークと呼ばれます)をつければ完成です。文全体は次のようになります。

　　　　　　(原形)
　　Do　you　like　music?　　(あなたは音楽が好きですか)
　　aux　 S　　V　　 n

Lesson 3

　次に動詞にすでに助動詞がついている文を検討しましょう。この場合は、動詞が一般動詞でも be 動詞でも同じ手順になります。一般動詞(= drive)に助動詞(= can)がついた形を例にとると次のようになります。

「can V」の否定形は「cannot V」か「can't V」にする

　　　　(原形)
　I can drive that car.　(私はあの車を運転できます)
　S aux　V　　a　　n

　この drive は助動詞がついているので基本形(= 原形)です。
　これを否定文や疑問文にするときは、動詞にすでに do 以外の助動詞(= can)がついているので、否定文にするときも疑問文にするときも do は使いません。否定文にするときは助動詞と動詞の間に not を置きます。すると「can not V」となります。普通の助動詞ならこれでいいのですが、can の場合は「can not V」という形は原則として使いません。can の場合は can と not を 1 語にまとめて cannot か can't にします。can't は cannot の短縮形です。すると次のようになります。

　　　　　　(原形)
　I cannot drive that car.　(私はあの車を運転できません)
　S aux ad　 V　　a　　n

　疑問文にするときは主語の前に助動詞を出し、文末に？をつけます。すると次のようになります。

　　　　　　(原形)
　Can you drive that car?　(あなたはあの車を運転できますか)
　aux　S　V　　a　　n

　最後に、動詞が be で、これに助動詞がついていない場合を考えてみましょう。

　They are early risers.　(彼らは早起きです)
　　S　V　　a　　ⁿC

　これを否定文にするときは be (この文の場合は be のバリエーションである are) の後に not を置きます。すると次のようになります。

046

They are not early risers.　(彼らは早起きではありません)
　S　V　ad　a　　ⁿC

are not を短縮形にすると aren't になりますから、これを使ってもさしつかえありません。
　疑問文にするときは主語の前に be (この文の場合は are) を出し、文末に？をつけます。すると次のようになります。

Are they early risers?　(彼らは早起きですか)
　V　S　a　ⁿC

助動詞の識別の仕方
　さて、助動詞は数が少ないので、あらかじめ助動詞のリストを暗記しておき「リストに載っている語だから助動詞だ」という識別の仕方をします。

助動詞のリスト　　( )の中はバリエーションです。
be (am, is, are, was, were, been, being)
have (has, had)
do (does, did)
will (would)
shall (should)
can (could)
may (might)
must
ought to
used to
need
dare (dared)
had better

　ただし、このうち be、have、do、will、can、need、dare の７つは動詞のこともあります。したがって、たとえば英文中に have が出てきたら、それは動詞の場合と助動詞の場合があるということです。その識別方法はそれぞれ別個に検討することにします。

Lesson 3

　また、will と can は名詞のこともあります。will が名詞のときは「意志」という意味で、can が名詞のときは「缶」という意味です。
　それでは do と can 以外の助動詞を使った文も見てみましょう。

　　　　　　　（原形）
You　must　speak　more　clearly.
 S 　　aux 　　V 　　　ad 　　　ad

（君はもっと明瞭に話さなければいけない）

must は「～しなければいけない」という意味の助動詞です。

疑問詞は原則として文頭に置きます

　　　　　　（原形）
Why　need　he　work?
 ad 　　aux 　 S 　　V

（なぜ彼は働く必要があるのか）

　need は「～する必要がある」という意味の助動詞です。この文は疑問文ですから、主語の前に助動詞が移動しています。Why は「なぜ」という意味の副詞で work を修飾しています。「なぜ」は疑問の意味なので、why は、「副詞」の前に「疑問」という文字をつけて、「疑問副詞」と呼ばれます。このように前に「疑問」という文字をかぶせた品詞(疑問副詞のほかに疑問形容詞と疑問代名詞があり、この3つをまとめて疑問詞と呼びます)は原則として文頭に置くことになっています。

≫ 3-2　疑問詞という概念

　念のため申し上げますが、「疑問詞」という概念は確かに末尾が「詞」で終わっていますが、名詞、動詞、形容詞、副詞とは次元が違う概念です(＝名詞、動詞、形容詞、副詞と並ぶ概念ではありません)。名詞、形容詞、副詞の中で疑問の意味を表しているものだけを抜き出してグループ化し、それに疑問詞という名称をつけただけです。したがってくどいですが次のページの囲みの中のようになります。
　名詞、動詞、疑問詞、主語、補語、修飾など本書に出てくる多くの用語は対象(＝英文)を正確に認識するために人為的に作られた道具概念です。したがって、これらの概念は、合目的的に(＝対象を正確に認識するという目的を効果的に果たせるよう

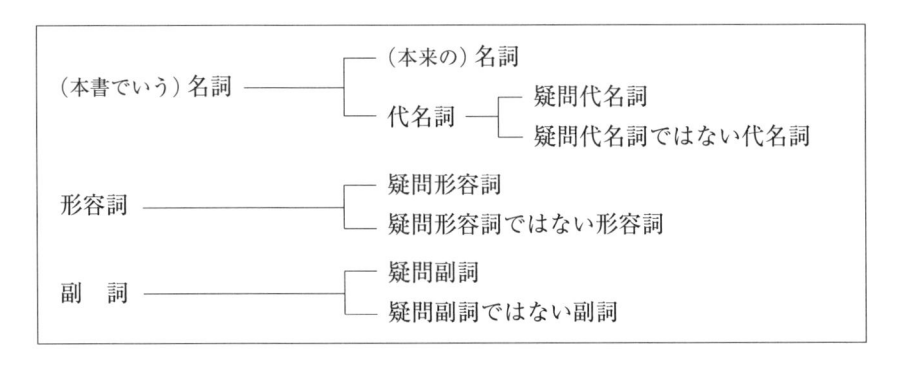

```
                           ┌─（本来の）名詞
（本書でいう）名詞 ─────┤              ┌─ 疑問代名詞
                           └─ 代名詞 ──┤
                                       └─ 疑問代名詞ではない代名詞

                       ┌─ 疑問形容詞
形容詞 ─────────┤
                       └─ 疑問形容詞ではない形容詞

                   ┌─ 疑問副詞
副　詞 ─────┤
                   └─ 疑問副詞ではない副詞
```

に）厳密に構成されている(＝定義づけされている)のです。

　別の言い方をすれば、このような人工的な概念は、自然発生的な日常概念とは異なり、概念の輪郭(＝限界＝表している内容の範囲)がはっきりしているのです。したがって、私たちはこの概念の輪郭をしっかりつかみ、正確にこれらの概念(＝専門用語)を使わなければいけません。そうでなければコミュニケーションが成立せず(＝筆者のイイタイコトが読者に伝わらず)、対象(＝英文)を正確に認識する力を養成するという私たちの目的が果たせません。逆に、概念の輪郭をしっかりつかみ正確にこれらの概念を使えば、こんなに便利でありがたい道具はないのです。

　「○○詞」という文法用語についても、「使われている用語が同じなので(＝みんな末尾に「詞」がついているので)同じような言葉なんだろう」ぐらいのあいまいな理解ですませてはいけません。このように用語が似ているときこそ、その間の違い(＝同じ次元の概念なのか否か、次元が同じだとしたら、内容にどんな違いがあるのか)を追求し、正確に理解するようにしなければいけないのです。

　話しが少し大袈裟になりすぎました。要は「文法用語は、日常用語ではないのだから、フィーリングでなんとなくわかったような気になってはダメなんだな」という認識を皆さんに持ってほしいのです。

ought to には2つの捉え方がある

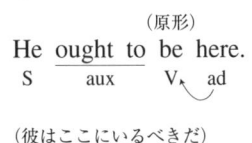

　　　　　　　（原形）
　He ought to be here.
　S　　aux　　V　ad

（彼はここにいるべきだ）

　ought to be は本当は「ought + to be」で ought が助動詞です。辞書はこのよう

に扱っています。ところが学校文法(= 中学、高校で勉強する文法)では「ought to＋be」という捉え方をして ought to で１つの助動詞と考えています。本書は原則として学校文法に従いますから、ought to (ought to は「〜すべきである」または「〜するはずだ」という意味を表す助動詞です。この文では「〜すべきである」という意味を表しています)に下線を引いて aux (=助動詞)と書いてあるのです。

　助動詞は原則として動詞の原形につけるので、動詞は be (= 原形)がきています。この be は「存在する」という意味です。なお、この文を否定文や疑問文にするときは、辞書の捉え方(= ought to ではなく ought が助動詞であるという捉え方)に従います。したがって not は ought と to be の間に置き、疑問文にするときは ought だけを主語の前に出します。ただし、品詞を考えるときは、あくまでも学校文法に従って ought to を助動詞と捉え、ought to に下線を引いて aux と書くことにします。すると否定文、疑問文は次のようになります。

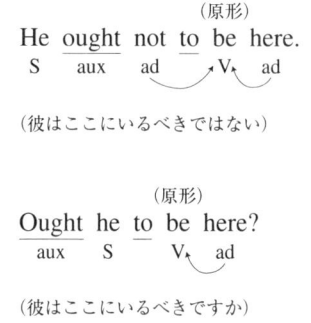

　　　　　　　　　　(原形)
　He ought not to be here.
　 S　aux　ad　　V　ad

(彼はここにいるべきではない)

　　　　　　　(原形)
　Ought he to be here?
　　aux　S　　V　ad

(彼はここにいるべきですか)

may は「許可」または「推量」を表します

　　　　(原形)
　May I put away the book?
　 aux　S　V　ad　　　n

(その本をかたづけていいですか)

　may は「〜してよい(許可)」または「〜するかもしれない(推量)」という意味を表す助動詞です。この文では「〜してよい」という意味を表しています。疑問文ですから may は主語の前に出ています。put は「置く」という意味の動詞の原形です。away はこの文では「別の場所に」という意味の副詞で put を修飾しています。put away で「別の場所に置く→片付ける」という意味を表します。

had better は否定文、疑問文にするときは要注意

　　　　　　　　　　(原形)
You had better leave now.
 S   aux   V   ad

(君はもう帰ったほうがいい)

　had better はこれ全体で 1 つの助動詞です。「〜するほうがいい」という意味を表します。ただし、You を主語にして You had better 〜. と言ったときは、「君は〜するほうがいい。〜しないと大変なことになるぞ」という警告のニュアンスが含まれます。したがって You had better 〜. は目上の人に向かって使うのは避けなければなりません。

　否定文にするときは had better と動詞の間に not を置きます。疑問文にするときは had だけを主語の前に出します。

　　　　　　　　　　　　(原形)
You had better not leave now.
 S   aux   ad   V   ad

(君は今は帰らないほうがいい)

　　　　　　　(原形)
Had I better leave now?
 S   aux   V   ad

(私はもう帰ったほうがいいでしょうか)

　leave は「去る、帰る」という意味の動詞の原形です。now は「今」とか「もう」という意味の副詞で leave を修飾しています。

　助動詞の be と have はそれ以外の助動詞 (= be、have 以外の助動詞) とは大分違った使い方をします。そこで、この 2 つについては「Lesson 2　活用」で詳しく勉強することにして、ここでは扱いません。

≫ 3-3　前置詞

　前にちょっと出てきましたが、英語には前置詞という品詞があります。具体的には of とか to とか for とか on などです。これまで私たちが勉強した英文には 1 つも前置詞が使われていませんでした。しかし、前置詞は、実際には極めてよく使われます。そこで、前置詞について勉強することにしましょう。

Lesson 3

　前置詞というのは「前に置く詞」と書くのですが、何の前に置くかというと、名詞の前に置くのです。つまり「前置詞＋名詞」という語順になるわけです。そして、この「前置詞＋名詞」という語群の全体が形容詞か副詞の働きをします。形容詞の働きというのは「名詞修飾と補語」です。

　副詞の働きというのは「動詞修飾、形容詞修飾、他の副詞修飾、文修飾」です。文修飾というのはまだ出てきていませんが、副詞は文全体(＝Ｓ＋Ｖの全体)を修飾することがあるのです。

　「前置詞＋名詞」の全体が形容詞の働きをするとき、これを「形容詞句」と呼びます。「前置詞＋名詞」の全体が副詞の働きをするとき、これを「副詞句」と呼びます。

「前置詞の目的語」は極めて重要な概念です

　それから、「前置詞＋名詞」の名詞(＝前置詞がついている名詞)の働きを「前置詞の目的語」といいます。「前置詞の目的語」は極めて重要な概念です。英語を理解するという観点から言えば、主語などよりはるかに重要です。主語は、「これを主語と呼びます」と教えられればすぐに指摘できるようになりますが、前置詞の目的語はなかなか指摘できるようになりません。

　すこし、抽象的な話が続いたので、さっそく具体的に見てみることにしましょう。

```
a  book  on  the  desk
       n   前      n
              a
```

（その机の上の１冊の本）

　on の品詞は前置詞です。下に「前」と書いてあるのは前置詞の記号です。desk の品詞は名詞で、働きは前置詞の目的語です。on the desk はこれ全体が book を修飾しています。名詞を修飾する品詞は形容詞ですから on the desk は「品詞は形容詞句で、働きは名詞修飾」です。on the desk に下線が引いてあるのは on the desk をひとまとめにしたことを表し、その下に a と書いてあるのは形容詞句という意味で on the desk 全体の品詞を表しています。下線から出発している矢印は on the desk の全体が名詞修飾という働きをしていることを表しています。もう１つ見てみましょう。

```
swim in the river  (その川で泳ぐ)
  v    前   n
       ad
```

　in は前置詞で、river は前置詞の目的語です。in the river の全体は副詞句で、swim という動詞を修飾しています。

　それでは、ここで、今の2つの英語について皆さんに質問しましょう。皆さんは下の英語だけを見ながら質問に答えてください。

a book on the desk ／ swim in the river

Q1　desk の働きは？
Q2　on the desk の品詞は？
Q3　river の品詞は？
Q4　in the river の働きは？
Q5　desk の品詞は？
Q6　on の品詞は？
Q7　in the river の品詞は？
Q8　on the desk の働きは？
Q9　river の働きは？
Q10　in の品詞は？

　いかがでしょう。全問正解できましたか？　答え合わせをしてみましょう。

Q1　desk の働きは？
　答えは「前置詞の目的語」です。これを「名詞」と答えた人はいませんか？　名詞は品詞です。質問は「働き」を尋ねているのです。品詞と働きは全く違う概念です。この2つを峻別(しゅんべつ)して、「品詞は？」と聞かれたら品詞を答え、「働きは？」と聞かれたら働きを答えるようにしなければいけません。

Q2　on the desk の品詞は？
　答えは「形容詞句」です。「形容詞」ではなく、ちゃんと「形容詞句」と答えてください。この質問に「名詞修飾」と答えた人は品詞と働きを混同しています。

Q3　river の品詞は？
　答えは「名詞」です。この質問に「前置詞の目的語」と答えた人は品詞と働きを混同しています。

Q4　in the river の働きは？
　答えは「動詞修飾」です。この質問に「副詞」とか「副詞句」と答えた人は品詞と働きを混同しています。

Q5　desk の品詞は？
　答えは「名詞」です。「前置詞の目的語」は働きですから答えになりません。

Q6　on の品詞は？
　答えは「前置詞」です。

Q7　in the river の品詞は？
　答えは「副詞句」です。「副詞」ではなく、ちゃんと「副詞句」と答えてください。「動詞修飾」は働きですから答えになりません。

Q8　on the desk の働きは？
　答えは「名詞修飾」です。この質問に「形容詞」とか「形容詞句」と答えた人は品詞と働きを混同しています。

Q9　river の働きは？
　答えは「前置詞の目的語」です。「名詞」は品詞ですから答えになりません。

Q10　in の品詞は？
　答えは「前置詞」です。

前置詞句という用語は本書では使いません

　なお、「前置詞＋名詞」という語群を「前置詞句」と呼ぶことがあります。これは名称は似ていますが、形容詞句、副詞句とは次元の違う用語です。前置詞句というのは「前置詞が導く句」という意味です。それに対し、形容詞句、副詞句というのは「形容詞あるいは副詞の働きをする句」という意味です。したがって、

「前置詞＋名詞は形容詞句か副詞句になる」という表現を「前置詞句は形容詞句か副詞句になる」と言っても同じです。本書では前置詞句という用語は誤解を招きやすいので使いません。

「1語の品詞・働き」と「語群全体の品詞・働き」を別に考える

いままでの私たちの練習は1語単位でした。1語1語について品詞と働きがわかればそれで終わりだったのです。ところが、これからはそうはいきません。1語について品詞と働きを考えるだけでなく、その語を含んだ語群全体の品詞と働きを別に（＝1語1語について考えるのとは別に）考えなければならないのです。これは最初のうちはとまどったり、面倒だったり、時間がかかったりします。しかし、あきらめずに練習を続ければ、次第に慣れて、すぐに簡単に頭が働くようになります。この「語単位と語群単位で、それぞれ別個に品詞と働きを捉える力」こそ英語を征服する鍵なのです。

それからもう1つ。品詞と働きを絶対に混同してはいけません。この2つを常に峻別することが、英語を正しく認識する必須条件なのです。

前に（＝ p. 019）次の英語を紹介したことがありました。

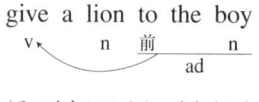

```
give  a  lion  to  the  boy
 v       n    前      n
              ──────────
                  ad
```

（その少年にライオンを与える）

品詞と働きは次のようになります。

boy → 品詞は名詞で、働きは前置詞の目的語
to the boy → 品詞は副詞句で、働きは動詞修飾

前置詞を勉強したことによって、私たちが認識できる英語表現の範囲はぐっと拡大しました。練習問題をやってもらう前に、もう少し例題で研究してみましょう。

```
The  water  at  the  bottom  of  the  pan  became  warm.
 S,   前         n    前       n      V       ªC
      ────────────  ────────────
           a              a
```

（なべの底の水が温かくなった）

3つ出てくる the は冠詞ですから、記号で品詞や働きを表示はしません。
　water は名詞で主語です。主語になれる品詞は名詞だけですから、品詞(= n) は書かず、働き(= 主語 = S) だけを書きます。at の品詞は前置詞です。at の働きは「後の名詞と結びついて形容詞句または副詞句を作る」です。この働きは at the bottom の下の下線で表されていますから、at の下には品詞だけを書きます。
　bottom は名詞で前置詞の目的語です。bottom の働きが前置詞の目的語であることは、at the bottom の下の下線で表されていますから、bottom の下には品詞だけを書きます。
　at the bottom は、品詞は形容詞句で、働きは名詞修飾(= water を修飾している)です。そこで at the bottom に下線を引いて品詞(= a) を書き、その下線から water に向かって矢印を引きます。
　of the pan も同じです。of は前置詞、pan は名詞で前置詞の目的語、of the pan は形容詞句で、働きは名詞修飾(= bottom を修飾)です。
　became は「～になった」という意味の動詞です。warm は「温かい」という意味の形容詞で water の状態を説明しています。しかし、この説明は直接的な説明(= 名詞修飾)ではありません。名詞修飾なら、the warm water となります。この文の warm は became という動詞の助けを借りて、間接的に water の状態を説明しています。したがって、働きは補語です。補語は名詞がなることもあります。そこで warm は「名詞ではなく、形容詞で補語なのだ」ということをはっきりさせるために、下に ªC と書きます。

≫ 3-4　等位接続詞

Many blossoms shone in hedges and gardens.
　　a　　　S　　　V　　前　　n　　+　　n
　　　　　　　　　　　　　　ad

(多くの花が生垣や庭で輝いていた)

　in は前置詞です。in の目的語(= 前置詞の目的語)は hedges と gardens です。
　and は hedges と gardens をつなぐ語です。and の品詞は「等位接続詞」といいます。等位接続詞はここで初めて出てきました。「等位」というのは「働きが同じ」という意味です。等位接続詞は「働きが同じ語、または語群をつなぐ」働きをします。hedges と gardens は働きが同じ(どちらも前置詞の目的語)なので、等位接続詞でつないでいるのです。等位接続詞は「+」の記号で品詞を表示すること

にします。

　等位接続詞は and の他に but（しかし）や or（または）など、いろいろあります。in hedges and gardens は、これ全体が副詞句で、shone を修飾しています。

>> 3-5　副詞的目的格

All his life he lived in London.
　a　a　n　S　V　前　n
　副詞的目的格　　　　　　ad

（生涯彼はロンドンで暮らした）

　All his life は「すべての彼の人生 → 彼の一生」という意味で、life は名詞です。ところで、名詞に副詞の働き（＝動詞修飾、形容詞修飾、他の副詞修飾、文修飾）をさせたいときは、前置詞をつけて「前置詞＋名詞」で副詞句にするのが原則です。したがって、All his life を使って、「一生の間暮らした」という意味にしたいときには、「一生の間」は「暮らした」を修飾する副詞ですから、All his life に前置詞をつけて副詞句にしなければなりません。期間を表す前置詞は for です。たとえば次のように使います。

walk for two hours
v　前　a　n
　　　　ad

（2 時間歩く）

　そこで、「生涯彼はロンドンで暮らした」という意味の英文は次のようになるはずです。

（誤）For all his life he lived in London.
　　前　a　a　n　S　V　前　n
　　　　　ad　　　　　　　　ad

　ところが、この英文は誤りなのです。
英語では、時間、距離、数量、様態（＝姿、形、方法）を表す一部の名詞は、前置詞をつけずに、そのままで、副詞の働きをさせることになっています。All his life はこのような名詞の1つです。したがって For をつけずに All his life のままで副詞の働き（＝ lived を修飾する）をさせるのです。

このような、前置詞がつかずに副詞の働きをする名詞を「副詞的目的格」といいます。副詞的目的格という概念は品詞でも働きでもありません。このような特殊な使い方をした名詞の名称(=呼び名)です。
　したがって All his life は(もっと正確に言うと life は)「品詞は名詞、働きは動詞修飾、名称は副詞的目的格」となります。副詞的目的格の例をもう少し見てみましょう。

```
He went there two  years ago.
 S   V    ad   a────▶n   ad
             副詞的目的格
```
(彼はそこに2年前に行った)

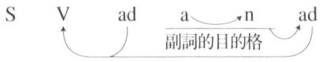

　ago は「(今から)前に」という意味の副詞で、went を修飾しています。two years は「どれくらい(前に)」を表す言葉で、ago を修飾しています。副詞を修飾するのですから副詞のはずですが、two years は(もっと正確に言うと years は)名詞です。しかも、two years には前置詞がついていません。そこで two years は副詞的目的格です。two years (もっと正確に言うと years) は「品詞は名詞、働きは副詞修飾、名称は副詞的目的格」となります。

副詞的目的格が形容詞・副詞を修飾するときは直前に置かれる
　このように副詞的目的格が副詞修飾の働きをするときは、必ず被修飾語(=修飾される語=この場合は副詞)の直前に置かれることになっています。ですから、two years ago という語順になるのです。

```
The child is two  years old.
 S    V   a────▶n  ªC
        副詞的目的格
```
(その子供は2歳です)

　この old は「古い、年をとった」という意味でなく、「生まれてから時間がたっている」という意味の形容詞です。動詞(=is)の助けを借りて名詞(=child)の状態を説明しているので働きは補語です。
　two years は「どれくらい(生まれてから時間がたっている)か」を表す言葉で old を修飾しています。したがって two years (もっと正確にいうと years) は「品詞は名詞、働きは形容詞修飾、名称は副詞的目的格」です。このように副詞的目的格が形容詞修飾の働きをするときは必ず被修飾語(=修飾される語=この場合は形容詞)

の直前に置かれることなっています。ですから two years old という語順になるのです。

【問4】「前置詞＋名詞で構成される形容詞句または副詞句」に下線を引き、その品詞（＝形容詞または副詞）と働き（＝修飾または補語）を記号で記入しなさい。
　それ以外の部分については、各語の下に品詞を記入し、主語、補語、修飾の働きをしている語は記号でそれを示しなさい。
　ただし、冠詞については何も記入しないことにします。
　最後に各文の前置詞の目的語を口頭で指摘しなさい。

1. By means of the refrigerator we can eat the fruits of autumn at any time of the year.
2. At one side is an older child, and at the other side is a younger child.
3. At what hotel did you stay in Kyoto?
4. It may rain before evening.
5. You must keep in touch with the times.
6. Passengers must not lean out of the windows.
7. For your safety in time of thunder and lightning, don't take refuge under a tree.
8. They will consider this book of great value to them.
9. Shall I carry the box into the house next time?
10. He came thirty minutes behind time.
11. You shouldn't speak ill of a man behind his back.
12. There used to be a cinema here before the war.
13. We have to take the bus and then change to another one.

Lesson 3

>> 解答・解説

　　　　　　　　　　　　　　　　　　　　　　　　(原形)
1. By means of the refrigerator we can eat the fruits of autumn at any time of the year.

（冷蔵庫によって1年中いつでも秋の果物を食べることができる）

　By means は「手段によって」という意味の副詞句です。of the refrigerator は「冷蔵庫という」という意味の形容詞句で means を修飾しています。この of は「～という」という意味を表す前置詞で「同格の of」と呼ばれています。at any time of the year は「1年のどの時期にも」という意味の副詞句です（of the year は形容詞句で time を修飾しています）。この英文中の「前置詞の目的語」は前から means、refrigerator、autumn、time、year の5つです。
　上の解答例は By や means の品詞も記入してありますが、皆さんは次のように記入すれば結構です。

By means of the refrigerator we can eat...

2. At one side is an older child, and at the other side is a younger child.

（一方の側には年上の子がおり、もう一方の側には年下の子がいる）

　is an older child は「V + S」という倒置です。and は等位接続詞で文と文（= is an older child という V + S と is a younger child という V + S）を対等につないでいます。この英文中の前置詞の目的語は side と side の2つです。

　　　　　　　　　　　　　　　(原形)
3. At what hotel did you stay in Kyoto?

（京都ではどんなホテルに泊まりましたか？）

whatは疑問形容詞でhotelを修飾しています。hotelは前置詞(= At)の目的語です。この文の動詞(= stay)は一般動詞で、もともと助動詞(= mayやcanなど)がついていないので、疑問文にするときは助動詞のdo (= この文の場合はdoのバリエーションであるdid)を使います。do (= この文の場合はdid)を主語の前に出し、動詞を原形(この場合はstay)にして、文末に？をつければ疑問文が完成です。この英文中の前置詞の目的語はhotelとKyotoの2つです。

　　　　　　　　(原形)
4. It may rain before evening.
　　S　aux　V　　前　　n
　　　　　　　　　　ad

(夕方になる前に雨が降るかもしれない)

　英語では、文で時間や天候や距離などを表現するときはitを主語にします。このitは文法用語では「非人称のit」と呼ばれます(一般には「時間のit」「天気のit」「距離のit」などと呼ばれています)。非人称のitは日本語には訳しません。この文のItは「天気のit」で、働きは主語です。mayは「～するかもしれない」という「推量」の意味を表す助動詞です。rainは「雨が降る」という意味の動詞で、原形です。この英文中の前置詞の目的語はeveningだけです。

youは「一般的な人」を表すことがあります

　　　　　　　　　(原形)
5. You must keep in touch with the times.
　　S　aux　V　前　n　　前　　　n
　　　　　　　　　ᵃC　　　a

(人は時代に遅れないようにしなければいけない)

　Youは「特定の人(=あなた)」を表すだけでなく、「一般的な人」を表すこともあります。この文のYouはどちらにもとれます。上の和訳は「一般的な人」と捉えた場合の訳です。
　mustは「～しなければならない」という「義務」の意味を表す助動詞です。
　keepには「keep 形容詞」で「形容詞のままでいる」という意味を表す使い方があります。たとえば、次のような具合です。

　　　　　　　(原形)
You must keep quiet for a few days.
S　aux　V　ᵃC　前　a　　n
　　　　　　　　　　　ad

(2, 3日は静かにしていなければいけません)

Lesson 3

　この文の You は「特定の人(= あなた)」を表しています。quiet は「静かな」という意味の形容詞です。keep quiet で「静かなままでいる → 静かにしている」という意味になります。quiet は You の状態を説明しています。その際 keep という動詞の助けを借りて間接的に説明しているので働きは補語です。
　さて、この「keep 形容詞」という表現の形容詞の位置には、今の例のように純粋な形容詞(= quiet)が入るのはもちろんですが、「前置詞＋名詞」の形容詞句を入れることもできます。それが初めの問題文です。in touch は「接触している」という意味の形容詞句で、働きは補語です。keep in touch with the times で「時代と接触しているままでいる → 時代に遅れないようにする」という意味になります。このように「前置詞＋名詞」が形容詞句になるときの働きは、いつでも「名詞修飾」というわけでなく、補語になることもあるのです(ただし、補語になるほうがずっと少ないです)。
　この英文中の前置詞の目的語は touch と times の 2 つです。

　　　　　　　　　　　　　　(原形)
6.　Passengers must not lean out of the windows.
　　　S　　　　aux　 ad　　V　　前　　　　　n
　　　　　　　　　　　　　　　　　　ad

(乗客は窓から身を乗り出さないでください)

　「must not 原形動詞」は「〜してはいけない」という「禁止」の意味を表します。must は助動詞、not は副詞です。lean は「かがむ(= 上体を曲げる)」という意味の動詞の原形です。out of はこの 2 語で 1 つの前置詞です。out と of を別々に捉えず「out of」で 1 つの前置詞と考えてください。out of は「〜から(外へ)」という意味を表します。したがって lean out of the windows で「窓から外へ上体を曲げる → 窓から身を乗り出す」という意味になります。
　この英文中の前置詞の目的語は windows だけです。

≫ 3-6　命令文の作り方

　　　　　　　　　　　　　　　　　　　　　　　　　　　　(原形)
7.　For your safety in time of thunder and lightning, don't take
　　前　 a　　n　　前　n　 前　　　n　　　＋　　n　　　aux ad　　V
　　　　　　ad　　　　　　a　　　　　　　a
refuge under a tree.
　n　　　前　　　n
　　　　　　ad

(雷鳴と稲光がするときの安全のためには、木の下に避難してはいけない)

　and は等位接続詞で thunder と lightning を対等につないでいます(どちらも前置詞の目的語です)。

　命令文には肯定命令文(＝～しろ)と否定命令文(＝～するな)があります。肯定命令文は主語の You を省略し、いきなり動詞から始めます。そして、動詞には原形を使います。否定命令文は主語の You を省略し、動詞の前に don't をつけます。don't の do は助動詞ですから、この後に続く動詞は原形を使います。

　refuge は「避難」という意味の名詞です。take refuge で「避難を取る → 避難する」という意味になります。これを使って肯定命令文と否定命令文を作ると次のようになります。

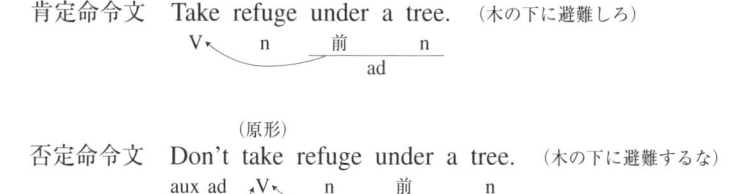

　　　　　　　　　(原形)
　肯定命令文　Take refuge under a tree.　(木の下に避難しろ)
　　　　　　　V　　n　　前　　　n
　　　　　　　　　　　　　　　ad

　　　　　　　　　　　　(原形)
　否定命令文　Don't take refuge under a tree.　(木の下に避難するな)
　　　　　　　aux ad　V　　n　　前　　　n
　　　　　　　　　　　　　　　　　　ad

　上の問題文は否定命令文です。For your safety (安全のために)は take ではなく don't take を修飾しています。

　この英文中の前置詞の目的語は safety、time、thunder、lightning、tree の 5 つです。

≫ 3-7 「持っている、帯びている」という意味を表す of

　　　　　　　　　　　(原形)
8.　They will consider this book of great value to them.
　　　S　aux　V　　　a　　n　前　a　　n　前　n
　　　　　　　　　　　　　　　　　　aC　　　　ad

(彼らはこの本を自分たちにとって極めて価値があると考えるだろう)

will と shall は「未来の動作・状態」を表す助動詞です

　will と shall は「未来の動作、状態」を表す助動詞で、「will 原形動詞」と「shall

原形動詞」は「未来形」と呼ばれています。この「未来形」という言葉は非常に誤解を招きやすい言葉です。「未来形はどんな概念なのか？」「原形と未来形はどんな関係にあるのか(＝同じ次元にあるのか、それとも次元がちがうのか？)」これらの問題を完全に理解しておくことは非常に重要です。しかし、これは「活用」という概念がわかっていないと理解できません。「活用」は Lesson 4 で詳しく勉強します。そこで、ここでは「will と shall は未来の動作、状態を表す助動詞である」という理解にとどめて先に進むことにしましょう。

of は「〜を持っている、〜を帯びている」という意味を表すことがあります

<u>of</u>(＝前置詞)は「〜を持っている、〜を帯びている」という意味を表すことがあります。次の例を見てください。

things of use　(有用な物)
　　　前　n
　　　　a

a policy of great importance　(極めて重要な政策)
　　　前　a　　n
　　　　　a

上の例の use は「効用(＝役に立つ性質)」という意味の名詞で、of use は「効用を持っている → 役に立つ」という意味の形容詞句です。of use は useful (役に立つ)という形容詞と同じ意味を表しているので、things of use ＝ useful things です。

下の例の of great importance は「大きな重要性を帯びている → 極めて重要な」という意味の形容詞句です。of great importance は extremely important (極めて重要な)という「副詞＋形容詞」と同じ意味を表しているので a policy of great importance ＝ an extremely important policy です。

さて、この of が導く形容詞句は名詞修飾だけでなく補語でも使えるので、次の文を作ることができます。

Those things are of use.
　a　　S　　V　前　n
　　　　　　　　ᵃC

(それらの物は役に立つ)

```
The policy is of great importance.
    S   V  前  a      n
                  ᵃC
```
(その政策は極めて重要である)

問題文の of great value は「大きな価値を持っている」という意味の形容詞句です。of great value は extremely valuable（極めて価値がある）という「副詞＋形容詞」と同じ意味を表しているので、of great value to them ＝ extremely valuable to them です。

consider には「consider 名詞 形容詞」で「名詞を形容詞だと考える」という意味を表す使い方があります。たとえば次のような具合です。

```
They will consider this book extremely valuable to them.
 S   aux    V       a   n     ad        ᵃC   前  n
                                                  ad
```
(彼らはこの本を自分たちにとって極めて価値があると考えるだろう)

valuable は this book の状態を説明しています。その際、consider という動詞の助けを借りて間接的に説明しているので働きは補語です。さて、この文の extremely valuable の代わりに of great value を使ったのが問題文です。したがって of great value の働きは補語です。

この英文中の前置詞の目的語は value と them の2つです。

「Shall I 原形...?」は「原形しましょうか」という意味を表します

```
                (原形)
9. Shall I carry the box into the house next time?
   aux  S   V     n   前       n     a    n
                         ad         副詞的目的格
```
(次回はその箱を家の中に運び込みましょうか?)

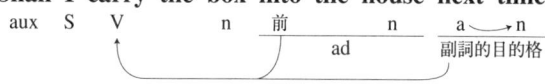

「Shall I 原形...?」は「(私は)原形しましょうか?」という意味で「相手の意向」を尋ねる表現です。

next time は「形容詞＋名詞」ですが、前置詞がつかずにそのままで副詞の働きをして動詞を修飾します。したがって、副詞的目的格です。

この英文中の前置詞の目的語は house だけです。

10.　He came thirty minutes behind time.

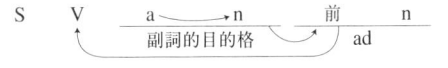

（彼は30分遅れでやってきた）

まず次の文を見てください。

He came well behind time.

（彼はかなり遅れてやってきた）

　behind time は「時間に遅れて」という意味の副詞句です。well にはいろいろな品詞がありますが(たとえば、名詞のときは「井戸」という意味になります)、その中に副詞があります。副詞の well を「前置詞＋名詞」の前に置いて、後ろの「前置詞＋名詞」にかけると「かなり、相当」という意味を表します。したがって、well behind time は「かなり時間に遅れて」という意味になります。この well (かなり、相当)の内容を具体的に「30分」と言ったのが問題文の thirty minutes です。したがって、well と thirty minutes は同じ働き(= behind time を修飾する)をしています。しかし、品詞は全く違います。well は純粋な副詞ですが、thirty minutes は「形容詞＋名詞」です。そこで、thirty minutes は名詞がそのままで(= 前置詞がつかずに)副詞の働きをして副詞句を修飾していることになります。したがって、thirty minutes は副詞的目的格です。前にお話ししたように、副詞的目的格が形容詞修飾や副詞修飾の働きをするときは、必ず被修飾語の形容詞や副詞の直前に置かれることになっています。ですから、thirty minutes behind time という語順になるのです。
　この英文中の前置詞の目的語は time だけです。

11.　You shouldn't speak ill of a man behind his back.
　　　　　　　　　　　（原形）

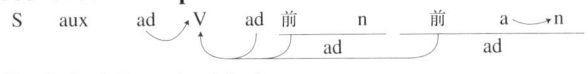

（人のかげ口を言ってはいけない）

　shouldn't は「should not」の短縮形です。should は「～すべきだ」という「義務」の意味を表す助動詞です。したがって「shouldn't 原形動詞」で「原形動詞す

べきでない」という意味になります。この文の ill は「悪く、悪意を持って」という意味の副詞です。そこで speak ill of ～ で「～について悪く言う → ～の悪口を言う」という意味になります。back は「背中」という意味の名詞で、behind his back は「その人の背中の背後で → その人がいないところで → かげで」という意味になります。主語の You は「特定の人(＝あなた)」ともとれるし、「一般的な人」ともとれます。上の訳文は「一般的な人」と捉えた場合の訳です。

　この英文中の前置詞の目的語は man と back の 2 つです。

助動詞 used to の 2 つの意味

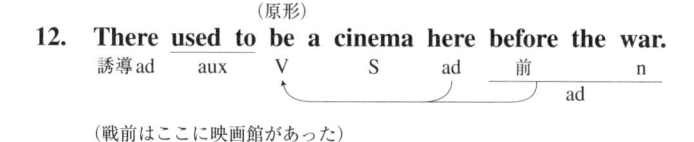

　　　　　　　　　　　(原形)
12.　There used to be a cinema here before the war.
　　　誘導ad　aux　　V　　S　　ad　　　前　　　　n
　　　　　　　　　　　　　　　　　　　　　　ad

(戦前はここに映画館があった)

　used to はこの 2 語で 1 つの助動詞です。次のように、used to が表す意味は後に続く動詞の性質によって異なります。

```
used to ＋ 動作を表す動詞　⇨ 昔よく～したものだ
used to ＋ 状態を表す動詞　⇨ 昔は～だった
```

　be 動詞は「存在する、存在している」と「～である」の 2 つの意味がありますが、どちらにしても状態を表す動詞(＝状態動詞)です。問題文の be は「存在する、存在している」の意味です。used to be で「昔は存在していた」という意味になります。この used to be が誘導副詞の There によって、主語(＝ a cinema) の前に誘導されています(＝引き出されています)。したがって、There used to be a cinema で「昔は映画館が存在していた」という意味になります。

　この英文中の前置詞の目的語は war だけです。

「have to 原形」の 2 つの捉え方

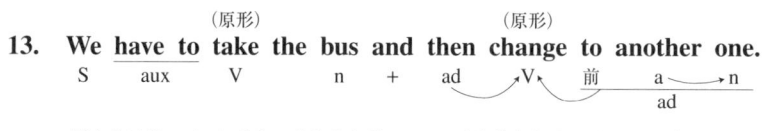

　　　　　　　　　(原形)　　　　　　　　　　(原形)
13.　We have to take the bus and then change to another one.
　　　S　aux　　V　　n　　＋　ad　　V　　前　　a　　n
　　　　　　　　　　　　　　　　　　　　　　　　ad

(私たちはそのバスに乗り、それから別のバスに乗り換えなければならない)

have to take は本当は「have + to take」で have は動詞なのです。辞書はこのように扱っています。ところが、学校文法では「have to + take」という捉え方をして、have to で1つの助動詞と考えています。本書は原則として学校文法に従いますから、have to を1つの助動詞として扱います。have to は「〜しなければならない」という意味を表す助動詞です。

have to の後に続く動詞は take と change の2つです。助動詞の後に続く動詞ですから take と change はどちらも原形です。この2つの動詞は等位接続詞の and によってつながれています。and がつなぐものは直前の bus と直後の then ではありません。take と change です。another one の one は bus の代わりをする代名詞です。したがって to another one は to another bus (別のバスに) という意味です。

この英文中の前置詞の目的語は one だけです。

Lesson **4**
活　用

Lesson 4

>> 4-1 「○○形」という文法用語

　日本語には語尾が「形」で終わる言葉がたくさんあります。体形、変形、円錐形、地形、整形、造形、四角形...といった具合です。これらの語は、語尾は確かに同じです。しかし、だからといって、表している内容まで同性質だというわけでは決してありません。表している内容の性質に光を当てると、いくつかのグループに分けることができます。

　たとえば「○○形」という語が「○○が持っている形」という意味を表す場合があります。体形、地形、樹形などがこれです。それに対して「形が○○である」という意味を表す場合があります。円錐形、四角形、球形などがこれです。また「形を○○すること」という意味を表す場合もあります。変形、整形、造形などがこれです。さらに「美形」などという話もあります。これなどは「形が美しい」という意味ですから、円錐形や四角形の親戚のようですが、実は中身は人間で「美人」という意味で使うことが多いようです。このように、同じ「○○形」という語でも、すべてが同じ平面上で対等に並んでいるわけではないのです。

　これと同じことが文法用語についても言えます。英文法を勉強していると「○○形」という言葉が実によく出てきます。たとえば、進行形、現在形、完了形、過去形、未来形、単数形、複数形、受身形、肯定形、否定形、ing形、受身形、原形、過去分詞形、...といった具合です。これらの語は、語尾は確かに同じです。しかし、だからといって、表している内容まで同性質だというわけでは決してありません。表している内容の性質によって異なるグループに分かれるのです。

現在形・過去形と未来形は次元が違う概念です
　単数形と複数形が同じグループに属し、肯定形と否定形がそれとは別のグループに属するというのはすぐわかります。それでは、未来形、現在形、過去形はどうでしょうか？「当然同じグループに属している」と考える人がたくさんいると思います。しかし、それは間違いなのです。<u>文法用語の世界では、現在形と過去形は同じグループですが、未来形はそのグループには入らないのです</u>。その事情をこれから詳しく説明することにします。

>> 4-2 動詞と助動詞の名称

　前にお話ししたように、英語の動詞は「be動詞」と「一般動詞」に大別されま

す。be 動詞は「be という動詞」の意味で、これを縮めて be 動詞と言っているわけです。一般動詞は「be 動詞以外のすべての動詞」のことです。

次に英語の助動詞は「be」と「have」と「be と have 以外のすべての助動詞」に大別されます。この3種の助動詞はそれぞれ「助動詞の be」「助動詞の have」「be と have 以外の助動詞」が正式な呼び方です。しかし、本書ではこれを「be 助動詞(= be という助動詞)」「have 助動詞(= have という助動詞)」「一般助動詞(= be と have 以外の助動詞)」と呼ぶことにします。この後者の呼び方は一般に使われていません。あくまでも思考と説明の便宜のために私が独自に作った言葉です。ですから、皆さんはあくまでも本書の説明を理解するためだけに使うようにしてください。以上の説明を整理すると次のようになります。

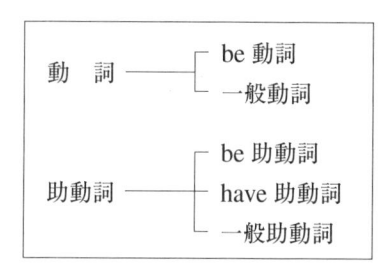

```
動  詞 ─┬─ be 動詞
        └─ 一般動詞

助動詞 ─┬─ be 助動詞
        ├─ have 助動詞
        └─ 一般助動詞
```

動詞と助動詞を組み合わせて様々な意味を表します

さて、英語は動詞のみ、または動詞と助動詞を組み合わせることによって様々な意味を表します。このメカニズム(= 仕組み)を説明するのに、動詞、助動詞のすべてを視野に入れると意味の数があまりにも膨大になって、訳がわからなくなります。そこで、説明の便宜上、動詞は see (見る)に限り、助動詞は be 助動詞と have 助動詞に限ることにします。すると、「英語は see のみ、または see と be 助動詞、have 助動詞を組み合わせることによって様々な意味を表します」となります。

具体的に言うと、see「見る」という動詞は、see 単独で、または see と be 助動詞、have 助動詞を組み合わせることによって、「見る」「見た」「見られる」「見られた」「見つつある」「見つつあった」「見られつつある」「見られつつあった」「見てしまった」「見られてしまった」といった様々な意味を表すのです。

しかもこれだけではありません。「見られた」ひとつとっても、「私は見られた(これは主語の「私」をつけて文になっています)」とか「見られた男(これは「見られた」が「男」を修飾する形容詞の働きをしています)」とか「見られたことを思い出す(これ

は「見られた」に「こと」がついて名詞の働きをしています)」のように様々な使い方をします。これは「見られた」だけでなく、「見つつある」にしても「見てしまった」にしても同じことです。

　このたくさんの意味を see と be 助動詞と have 助動詞の 3 つだけで表すわけです。ところが、3 つのものの組み合わせは、7 通りしかありません。たとえばAとBとCの組み合わせは「A」「B」「C」「A—B」「A—C」「B—C」「A—B—C」の 7 通りです。これに順番を加味して「A—B」と「B—A」は違うということにしても、「A」「B」「C」「A—B」「B—A」「A—C」「C—A」「B—C」「C—B」「A—B—C」「A—C—B」「B—A—C」「B—C—A」「C—A—B」「C—B—A」の 15 通りにすぎません。とても、これではたくさんの意味を別々に表現することはできません。そこでどうなっているかというと、see と be 助動詞と have 助動詞のそれぞれに基本形とそのバリエーション(= 変形)を用意しておいて、組み合わせの数を一挙に増やしているのです。

　ここから先はメカニズムの説明をするために架空の話しをします。現実がどうなっているかは、メカニズムがわかった後にお話しします。

≫ 4–3　M. Weber の「理念型」

　ところで、話は違いますが、ドイツの社会学者マックス・ヴェーバー (Max Weber) が社会現象を経験科学的に分析するときに用いた手法に「理念型」というのがあります。これは、これはたとえば次のような手法です。

先祖供養の方法についてのいろいろな社会の特徴

社会 A　　特徴 1 と特徴 2 を備えている
社会 B　　特徴 3 と特徴 4 を備えている
社会 C　　特徴 1 と特徴 3 を備えている
社会 D　　特徴 2 と特徴 5 を備えている
社会 E　　特徴 1 と特徴 4 と特徴 5 を備えている
社会 F　　特徴 3 と特徴 5 を備えている

　以上の分析から、人間社会の先祖供養の方法についての理念型(= 理想型)を構成

します。

> 理念型社会　特徴1と特徴2と特徴3と特徴4と特徴5を備えている

　そして、この理念型社会を一種の「ものさし」として使って未知の社会Gや社会Hの特徴を探るのです。また、社会Aと社会Fはこの2つだけを比べたのでは全く共通点がありませんが、理念型と社会Aを比べ、理念型と社会Fを比べることによって、社会Aと社会Fの関係を把握しようとするのです。
　この方法論に対して「理念型の先祖供養の方法を持った社会なんてどこにもないじゃないか。われわれは生きた社会を研究しているのだ。頭の中ででっち上げた空想的な社会のことなどあれこれ論じても無意味だ」という批判が当時盛んになされました(今でも、こういうことを言う人がいます)。これは理念型という手法の意味を誤解しているのです。理念型社会は、現実にどこかに存在する社会ではありません。ある学者が人為的に構成した人工的なモデルなのです。ただ、これを通して現実社会を見ると、じかに現実社会を見たときには見えなかったものが見えてくるのです。
　これから皆さんに提示する架空のモデルは、大袈裟な言い方ですが、一種の理念型だと考えてください。現実の英語はこのモデル通りにはなっていません。しかし、まず理念型を理解し、それと現象(=現実の英語)の偏差(=違い)を観察することによって、現象(=現実の英語)の実態(=その仕組みにどんな意味があり、どこがすぐれていて、どこが不備なのか)がはっきりわかってくるのです。

≫　4-4　活用の理念型

　seeとbe助動詞とhave助動詞の基本形とそのバリエーションを次のように設定します。

基本形	see	be	have
変形1（変形W）	seew	bew	havew
変形2（変形X）	seex	bex	havex
変形3（変形Y）	seey	bey	havey
変形4（変形Z）	seez	bez	havez

Lesson 4

　これを見るとわかるように、変形1〜4は、seeもbe助動詞もhave助動詞もすべて語尾にw、x、y、zがついています。そこで「変形1」を「変形W」と呼び、以下「変形2」を「変形X」、「変形3」を「変形Y」、「変形4」を「変形Z」と呼ぶことにします。

　そして、「私は見られた」と言うときの「見られた」は「be助動詞・変形Xとsee・変形Yの組み合わせ」で表します。するとbex seeyになります。

　これに主語のIをつけてI bex seey.とすれば「私は見られた」という文ができます。「彼は殺された」と言いたいときは、「殺す」という意味の動詞の基本形はkillですからHe bex killy.とすればよいわけです。

　「見られた男」のように「見られた」が名詞を修飾する形容詞の働きをするときは、be助動詞は使わず、動詞の変形Y（= seey）だけで表します。すると「見られた男」はa seey manとなります。「殺された男」ならa killy manです。

　「見られたことを思い出す」のように「見られた」に「こと」がついて名詞の働きをするときは「have助動詞・変形Zとbe助動詞・変形Yとsee・変形Yの組み合わせ」で表します。すると「見られたこと」はhavez bey seeyとなります。これを「思い出す」という意味の動詞（= remember）の後に置いてremember havez bey seeyとすれば「見られたことを思い出す」という意味になります。「殺されたことを思い出す」ならremember havez bey killyとすればよいわけです。

　いかがでしょう。このようにすれば、3つを並べる順番を固定しておいても（= 必ずhave助動詞が一番先で、次がbe助動詞で、動詞は一番後に置く、と決めておいても）、組み合わせの数は全部で180通りあります（seeだけで5通り、be―seeの組み合わせで25通り、have―seeの組み合わせで25通り、have―be―seeの組み合わせで125通りです）。これだけあれば、see（見る）を基本にした様々な意味を別々に表現することができます。

　そして、「変形W、X、Y、Zはそれぞれ基本形の語尾にW、X、Y、Zをつけて作る」というルールと「〜されたこと」という意味は「have助動詞・変形Zとbe助動詞・変形Yと動詞・変形Yで表す」というルールを覚えておけば、どんな動詞でも、基本形を知っていれば、「〜されたこと」という意味の表現を作れるわけです。誰が考えたのか知りませんが、実に巧みなメカニズム（= 仕組み）だと思いませんか？

≫ 4-5 実際の活用

　さて、それではそろそろ架空の話はやめにして、現実に戻ることにしましょう。実際に、英語の動詞と助動詞には基本形と変形1、2、3、4があります。そして、基本形を「原形」と呼び、変形1、2、3、4をそれぞれ「現在形、過去形、過去分詞形、ing形」と呼びます（「未来形」という形がないことに注意してください）。そして、この5つの形をひとまとめにして「活用」という名前で呼びます。これは、たとえば正方形、長方形、台形、ひし形などをひとまとめにして図形と呼ぶようなものです。私たちは「この図形は何？」と聞かれたら「長方形です」とか「ひし形です」と答えます。それと同じように「この動詞の活用は何？」と聞かれたら「原形です」とか「過去分詞形です」と答えるのです。

≫ 4-6 be 動詞の活用

　be 動詞を例にとって具体的に考えてみましょう。前にお話したように、be 動詞は be 以外に am、is、are、was、were、been、being という具合に全部で8つの形態（＝つづり）があります。そして、be が原形、am と is と are が現在形、was と were が過去形、been が過去分詞形、being が ing 形です。

現在形と過去形に複数のつづりがある
　ここで注意して欲しいのは、活用は動詞、助動詞の表面的な形態の違い（＝つづりの違い）を区別するための概念ではないということです。もし、つづりの違いを区別するための概念であるなら、am と is と are はつづりが違うのですから、それぞれ違う活用になる（＝違う名前で呼ばれる）はずです。ところが、am と is と are はどれも現在形という同じ活用です（＝同じ名前で呼ばれます）。それは、am と is と are がいずれも「動詞のみで、あるいは動詞と助動詞を組み合わせて様々な意味を表すときの最小の構成単位（＝組み合わせの単位）」として同じ使われ方をするからです。活用はあくまでも「動詞のみで、あるいは動詞と助動詞を組み合わせて様々な意味を表すときの最小の構成単位（以下、これを単に「構成単位」と呼びます）」を区別するための概念です。したがって、表面的なつづりが違っていても「構成単位」として同じ使われ方をするなら、同じ活用になる（＝同じ構成単位名で呼ばれる）のは当然のことなのです。was と were が同じ活用（＝過去形）になるのも同様の理由です。

Lesson 4

　さきほど提示した架空のモデル(=理念型)では基本形以外の各構成単位はすべて基本形の語尾にW、X、Y、Zのどれかがつくことになっていました。したがって、be動詞の変形W(これは実際の活用では現在形に相当します)は「bew」という1つの形態(=つづり)しかありませんでした。それゆえ、いちいち形態(=つづり)を暗記する必要はなく、変形Wといえば、すぐにbewを作ることができました。ところが、実際の活用ではbe動詞の現在形にはam、is、areという3つの形態(=つづり)があるのです。しかも、このつづりには何の法則性もありません。したがって、原形(=be)から法則に従って作り出すことはできず、ただひたすら暗記するしかないのです。

現在形に am、is、are の3つがあることの意味
　これだけ見ると、これは実際の活用の不備(=劣っている点)で、理念型のほうが優れているように思われます。しかし、必ずしもそうとは言い切れないのです。それは、この3つのつづり(=am、is、are)は、主語がどんな名詞であるかに応じて使い分けることになっているからです。具体的に言うと、主語がI(=私)のときはamを使い、主語がyou(=あなた、あなたたち)か複数形の名詞(たとえばtwo books「2冊の本」のように)のときはareを使い、主語がそれ以外の名詞のときはisを使うことになっているのです。
　したがって、isを見たら、それだけで「主語はIでもyouでも複数形の名詞でもないな、それ以外の名詞のはずだ」ということがわかるわけです。これは、さきほどの理念型にはなかった優れた機能です(理念型ではbewを見ただけでは主語がどんな名詞かはわかりません)。理念型はあらゆる優れた特徴を組み込んで作るのですから、これではまだ本当の理念型とは言えませんでした(すいません)。
　過去形のwasとwereについても同様のことが言えます。主語がIか単数形の名詞のときはwasを使い、主語がyouか複数形の名詞のときはwereを使うことになっているのです。

≫ 4-7　一般動詞の活用

　もう1つ別の動詞で考えてみましょう。call(呼ぶ)という動詞はcall以外にcalls、called、callingという具合に全部で4つの形態(=つづり)があります。そして、callが原形、callとcallsが現在形、calledが過去形、calledが過去分詞形、callingがing形です。ということは、callは原形の場合と現在形の場合があり、

called は過去形の場合と過去分詞形の場合があることになります。くどいですが、もし活用がつづりの違いを区別するための概念であるなら、同じつづりを原形と呼んだり現在形と呼んだりすることはありえません。そして、call の形態 (= つづり) は基本形と変形を合わせて全部で 4 つですから、call の活用は 4 つだけ、ということになるはずです。

同じつづりでも活用は違うことがある

　しかし、そうではありません。活用は「動詞のみで、あるいは動詞と助動詞を組み合わせて様々な意味を表すときの最小の構成単位」を区別するための概念です。そして、動詞の「構成単位」つまり「活用」は常に 5 つあるのです。ですから、call にも「原形―現在形―過去形―過去分詞形―ing 形」という 5 つの活用があり、be 動詞とは違って、たまたま原形のつづりと現在形のつづりが一致している場合があり (call のことです)、過去形のつづりと過去分詞形のつづりが常に一致している (called のことです) というだけのことなのです。活用はあくまでも「構成単位」を区別するための概念です。したがって、表面的なつづりが同じでも「構成単位」として違う使われ方をするなら、違う活用になる (= 違う構成単位名で呼ばれる) のは当然のことなのです。

つづりを見ただけでは活用はわからない

　ところで、理念型や be 動詞の場合は各構成単位 (= 各活用) のつづりが違っていました。したがって、つづりを見ればすぐに、それがどの構成単位か (= どの活用か = どのように使われて、どのような意味を表すか) がわかりました。しかし、call の場合は、call というつづりを見ただけでは原形か現在形かわからず、また called というつづりを見ただけでは過去形か過去分詞形かわかりません。したがって、call と called は、つづりを見ただけでは、それがどのように使われて、どのような意味を表すかはっきりわからないのです。これは call という動詞の活用の不備 (= 劣っている点) で、この点では理念型や be 動詞のほうがすぐれています。この不備を補うために、英語にはいろいろな手がかりがあり、それをよく理解して上手に使えば、たとえつづりが同じでも問題なく活用を見分けられる (= それがどのように使われて、どのような意味を表しているかがわかる) のです。このメカニズム (= 活用の不備を補う仕組み) の一部は本書でもこの後に出てきます。

Lesson 4

>> 4-8 規則活用と不規則活用

　さて、今 be と call という 2 つの動詞の活用を紹介しました。これを読んで皆さんは理念型と違い、実際の動詞の活用が一定していない(＝各活用のつづりを律する法則が見当たらない)ことに驚きもし、また不安(＝各動詞の活用を丸暗記しなければならないのではないかという不安)を覚えたことと思います。しかし、この不安は一部は当たっていますが、大部分は杞憂なのです。というのは、英語の動詞の大多数は call と同じ活用の作り方をするのです。まず、<u>現在形は原形と同じか、または原形の語尾に s をつけたつづりになります。次に過去形は原形の語尾に ed をつけたつづりになります。過去分詞形は過去形と同じつづりです。最後の ing 形は原形の語尾に ing をつけたつづりになります。この法則に従ってできる活用を「規則活用」</u>といいます。この法則に従わない活用は「不規則活用」です。したがって、call の活用は規則活用で、be の活用は不規則活用です。たとえば、elect (選ぶ)という動詞は、原形＝elect、現在形＝elect か elects、過去形＝elected、過去分詞形＝elected、ing 形＝electing という活用ですから、規則活用です。

　それに対して、begin (始まる、始める)という動詞は、原形＝begin、現在形＝begin か begins、過去形＝began、過去分詞形＝begun、ing 形＝beginning という活用ですから、不規則活用です。

不規則活用は過去形と過去分詞形が不規則なのだ

　実は不規則活用といっても、全く法則がないわけではなく、現在形と ing 形は規則活用と同じなのです。つまり、現在形は原形と同じかまたは原形の語尾に s をつけたつづりになり、ing 形は原形の語尾に ing をつけたつづりになります。beginning が、原形の語尾の n を重ねて、それに ing をつけている(＝begin + ning になっている)のは発音の関係からこのようにするというルールがあるからです。あるいは、come (来る)の ing 形は、末尾の e を削除してから ing をつけます。つまり coming にするわけです。これも発音の関係からこのようにするというルールがあるからです。このように多少の変動はありますが、基本的に ing 形は原形の末尾に ing をつければよいのです。

　こういう次第ですから、<u>不規則活用というのは、過去形と過去分詞形が原形の語尾に ed をつけたつづりにならない活用のことなのです</u>。ただ、これには 1 つだけ例外があります。それは be 動詞です。be 動詞は、原形が be で、現在形が am、is、are ですから、「現在形は原形と同じかまたは原形の語尾に s をつけたつ

づりになる」という法則に従っていません。ただし、ing 形は being ですから法則通りです。
　さて、以上に述べた活用の法則を整理してまとめると次のようになります。

	原形	現在形	過去形	過去分詞形	ing 形
規則活用		原形と同じか、原形の語尾に s をつける	原形の語尾に ed をつける	原形の語尾に ed をつける	原形の語尾に ing をつける
不規則活用		原形と同じか、原形の語尾に s をつける（ただし、be 動詞は am、is、are）	法則なし	法則なし	原形の語尾に ing をつける

活用は 3 つの形を言うのが習慣になっている
　この表をよく見るとわかりますが、be 動詞以外のすべての動詞は、原形がわかれば現在形と ing 形は法則に従って作れます。そこで、活用を言うときは、5 つの形の全部を言うのではなく、[原形—過去形—過去分詞形]の 3 つを言うのが習慣になっています。たとえば、[come（来る）—came—come]とか[eat（食べる）—ate—eaten]とか[blame（非難する）—blamed—blamed]といった具合です。
　一番最初に言う形は現在形だと思っている人が多いのですが、違います。最初に言う形は原形です。それから、動詞の活用は 3 つだけだと思っている人がいます(そう書いてある文法書もあります)が、これも不適切です。動詞の活用は 5 つです(すべての動詞に 5 つの活用があります)。それから、動詞についてのいろいろな情報は辞書では原形のところに出ています。ですから、文中に blamed という動詞が出てきて、意味がわからないときは、辞書で blame を調べるのです。また、eaten の場合は辞書で eaten を引くと「eat の過去分詞形」と書いてありますから、改めて eat を引きます。
　規則活用の動詞と不規則活用の動詞は、数は前者のほうが圧倒的に多いのですが、日常よく使う重要な動詞は不規則活用であることが多いのです。そこで、私たちは不規則活用の動詞は、何度も口で唱えて、活用を暗記しなければなりませ

ん。不規則活用の動詞は、辞書の巻末に不規則活用表という一覧表があり、そこにまとめてあります。ただし、この一覧表を片端から暗記する必要はありません。不規則活用の動詞が出てくるたびに、それを暗記していけばよいのです。

≫ 4-9　助動詞の活用

それでは次に助動詞の活用を研究することにしましょう。動詞は、すべての動詞が5つの活用を持っています。ところが助動詞は、5つの活用のすべてを持っているのは be 助動詞だけで、あとの助動詞は欠落している活用があるのです。具体的に言うと、have 助動詞には過去分詞形がありません。それから、一般助動詞は現在形と過去形しかありません(厳密に言うと、do という助動詞には原形があるのですが、これは後述します)。「現在形や過去形は原形(= 基本形)のバリエーションのはずだ。原形がなくて、そのバリエーションだけあるのは変ではないか?」という疑問を懐く人がいます。もっともな疑問なので、これを考えてみましょう。

≫ 4-10　原形がなくて、現在形・過去形があるのはなぜか？

規則活用動詞のつづりを見ると、現在形、過去形、過去分詞形、ing 形はいずれも原形のつづりを基本にして、その語尾に s をつけたり、ed をつけたり、ing をつけたりしています。したがって、つづりの点では現在形、過去形、過去分詞形、ing 形が原形のバリエーションであることは疑いありません。しかし、「他の語とのつながり(= 他の語とどのようにつながるか)」「表している意味(= どのような意味を表すか)」の点では、各活用の間にはきわだった違いがあります。たとえば、原形動詞と現在形動詞と過去形動詞を比べると次のようになります。

原形動詞	特徴1	前に助動詞がつくことがある。
	特徴2	主語を伴わないことがある。
	特徴3	時間とは無関係に、行為・状態を表す。
現在形動詞	特徴1	前に助動詞がつくことは決してない。
	特徴2	必ず主語を伴う。
	特徴3	基本的に現在の行為・状態を表す。

過去形動詞	特徴1　前に助動詞がつくことは決してない。 特徴2　必ず主語を伴う。 特徴3　基本的に過去の行為・状態を表す。

　たとえば、原形で want（望む）と言ったときは、昔の人もやり、今の人もやり、そして未来の人もやるであろう「望む」という行為そのものを表しています。これが「原形動詞は、時間とは無関係に、行為・状態を表す」ということの意味です。

　それに対して、現在形で want（望む）と言ったときは「(今)望む」という意味で、昔の人がやった「望む」や未来の人がやるであろう「望む」は含んでいません。これが「現在形動詞は現在の行為・状態を表す」ということの意味です。

　また、過去形で wanted（望んだ）と言ったときは「(過去のある時)望んだ」という意味で、今の人がやる「望む」や未来の人がやるであろう「望む」は含んでいません。これが「過去形動詞は過去の行為・状態を表す」ということの意味です。

各活用は独立した構成単位なのだ

　さて、この3つの特徴を見比べると、特徴1と特徴2は、原形と現在形・過去形では正反対に近い内容です。したがって「原形が基本形で、現在形と過去形はそのバリエーションである」というよりは、「原形と現在形と過去形はそれぞれが対等の独立した構成単位である」と捉えるほうが実態に合っています。そうだとすると（＝各活用が独立した対等の構成単位だとすると）「原形はないが、現在形と過去形はある（＝原形の特徴を備えた形はないが、現在形と過去形の特徴を備えた形はある）」ということがあっても不思議ではありません。

　ところで、ここで一般助動詞を考えてみましょう。何でもいいのですが、たとえば can を取りあげます。can には can と could という2つの形態（＝つづり）しかありません。そして、can も could も後ろに原形の動詞を伴って「can＋原形動詞」「could＋原形動詞」という形で使います（この他に can と could は後ろに「be 助動詞＋動詞」あるいは「have 助動詞＋動詞」あるいは「have 助動詞＋be 助動詞＋動詞」を伴う使い方もありますが、とりあえず今はそれは考えないことにします）。この「can＋原形動詞」と「could＋原形動詞」には次の特徴があります。

can＋原形動詞	特徴1	(canの)前に(さらに別の)助動詞がつくことは決してない。
	特徴2	必ず主語を伴う。
	特徴3	基本的に現在の行為・状態を表す。
could＋原形動詞	特徴1	(couldの)前に(さらに別の)助動詞がつくことは決してない。
	特徴2	必ず主語を伴う。
	特徴3	基本的に過去の行為・状態を表す。

　もうおわかりになったと思いますが、「can＋原形動詞」の特徴は「現在形動詞」の特徴と全く同じです。また「could＋原形動詞」の特徴は「過去形動詞」の特徴と全く同じです。だとすれば、この2つは同じ構成単位(＝活用)と考えるべきです。そこで、canは現在形で、couldは過去形だというのです。そして、canにはcanとcould以外の形態(＝つづり)はなく、また「can＋原形動詞」にしても、「could＋原形動詞」にしても、原形動詞や過去分詞形動詞やing形動詞と同じ使われ方をすることはない(＝原形や過去分詞形やing形の特徴を持つことはない)ので、「助動詞のcanは現在形と過去形しかない」となるのです。

　ここでcanについて述べたことは、他の一般助動詞にも当てはまります。そこで「一般助動詞は現在形と過去形しかない」となるのです(ただし、助動詞のdoは原形のことがあります)。

　ここまで説明したことを表にまとめると次のようになります。

	原形	現在形	過去形	過去分詞形	ing形
動詞	○	○	○	○	○
be助動詞	○	○	○	○	○
have助動詞	○	○	○	×	○
一般助動詞	×	○	○	×	×

（注）　助動詞doには原形がある

活用

>> 4-11　will と shall はなぜ現在形なのか？

　ところで、私は「ここで can について述べたことは他の一般助動詞にも当てはまります」と言いました。それでは、will と shall はどうなるのでしょうか？　will と shall は、前に勉強したように、「未来の行為・状態を表す助動詞」です。それなのに、なぜ「現在形」と呼ばれるのでしょうか（過去形は would と should です）。それは will と shall の沿革に理由があります。

will と shall は元々は現在形の動詞だった
　will という語は元々「未来時に〜するのを(現在)望む」という意味の動詞だったのです。「(現在)望む」のですから、活用はもちろん現在形です。使い方は「〜する」を表す語の前に will を置きました。「will 〜」という順番です。
　shall という語は元々「未来時に〜する義務が(現在)ある」という意味の動詞だったのです。「義務が(現在)ある」のですから、もちろん現在形です。使い方は「〜する」を表す語の前に shall を置きました。「shall 〜」という順番です。
　つまり、この段階では will、shall は現在形の動詞だったのです。ところが、長い歴史の間にいつしか ~~〜する~~ の部分が原形動詞で表されるようになり、will、shall は助動詞に転化してしまったのです。本来、原形動詞は時間とは無関係に動作・状態を表すものです。しかし、「希望」や「義務」は必然的に未来の動作・状態を内容とするので、will や shall がつくと、原形動詞は自動的に未来の動作・状態を表すことになります。そこで、「will＋原形動詞」と「shall＋原形動詞」を「未来形」と呼ぶのです。しかし、未来の動作・状態を表しているのは原形動詞の部分であって、will と shall はあくまでも「現在望んでいる」こと、「現在義務がある」ことを表しています（＝元々の現在形動詞の意味が残っているのです）。そこで、will と shall は、他の一般助動詞と同じように、活用は現在形なのです。

未来形は活用ではない
　つまり、「未来形」は「will＋原形動詞」「shall＋原形動詞」という表現の呼び名（＝名称）であって、活用ではないのです。活用はあくまでも「will と shall は現在形で、その後に続く動詞は原形」なのです。
　この Lesson の最初で「文法用語の世界では、現在形と過去形は同じグループですが、未来形はそのグループには入らないのです」と言ったのは、こういうことだったのです。現在の英語では、will は「希望」の他に「〜するのを(現在)予測

する ⇨ 〜するだろう」という「予測」の意味を表します。また、shall の「義務」の意味は一部の表現にその名残りが見られますが、それ以外は、shall 自体がほとんど使われなくなっています。たとえば、前に勉強した次の2つの文を見てください。

　They will consider this book of great value to them.

　Shall I carry the box into the house next time?

　上の文は「未来時に彼らがこの本を自分たちにとって極めて価値があると考えるのを、私は現在予測する ⇨ 彼らはこの本を自分たちにとって極めて価値があると考えるだろう」という意味です。この will は「話者の予測」を表しています。
　下の文は「次回はその箱を家の中に運び込む義務が私に現在ありますか？⇨ 次回はその箱を家の中に運び込みましょうか？」という意味です。Shall I . . .？は、本来の「義務」の意味が転化して、「相手の意向」を尋ねる表現になっています。

これからの勉強の方向

　さて、これで活用について基本的なことはすべてお話しました。くどいですが、活用は「動詞のみで、あるいは動詞と助動詞を組み合わせて様々な意味を表すときの最小の構成単位」です。そこで、これからの勉強については、「動詞の各活用が単独で、あるいは助動詞の各活用と組み合わさって、どんな意味を表すかを1つずつ勉強していく」という方向もあると思います。しかし、本書ではこの方向はとりません。そうではなくて、「動詞と助動詞の各活用を正しく組み合わせた英文(＝正しい英文)を見て、その活用を識別する(＝活用を言えるようにする)」という方向で勉強を進めていきます。各活用の使い方(＝単独で、あるいは組み合わさって、どんな意味を表すか)は、その過程で自ら勉強することになると考えるからです。

「活用」は「品詞」「働き」と並ぶ最重要事項です

　英語の勉強において「活用」は「品詞」「働き」と並ぶ最重要事項です。自分で活用を判断できない人(＝何形か言えない人)が英語を正しく読んだり、書いたりすることは絶対にありえません。品詞と働きもそうでしたが、活用もたんに知っているだけでは何の役にもたちません。実際に判断できる(＝言える)ようになって初めて威力を発揮する(＝英文を正しく認識するための強力な道具になる)のです。

活用

それでは、少しずつ、活用を判断する練習をしていくことにしましょう。

原形と現在形の識別

　　　　現在形
They study abroad.
　S　　V　　 ad

（彼らは外国で勉強する）

　study の活用は規則活用で［study—studied—studied］です（発音の関係で、末尾の y を i に変えて、ed をつけます）。したがって、study は原形か現在形です。ところで、原形動詞は英文中で使われるパターンが 5 つに限定されています、したがって、その 5 つのパターンに当てはまらない限り、原形動詞ではありません。「原形動詞が使われる 5 つのパターン」はこれから順次勉強していきます。皆さんは、これを勉強して、「原形動詞が使われるパターンに当てはまっている」と思ったときにだけ、原形動詞と判断してください。
　すると、この文の場合、「この study は原形動詞が使われる 5 つのパターンのどれにも当てはまらない。したがって、原形ではない。これは現在形だ」というのが本来の正しい判断です。しかし、原形動詞が使われる 5 つのパターンの中で現時点で勉強しているパターンは「一般助動詞の後に続く動詞は原形だ」というパターンだけです。そこで、現時点では、「この study には一般助動詞がついていない。したがって、原形ではない。これは現在形だ」という判断をすることになります。
　現在形の動詞には必ず主語がついて「S＋V」で文を作ります。study には They という主語がついて、They study（＝S＋V）で「文」を作っています。

　　　　過去形
Her eyes fell on an old book.
　a　　S　V　 前　 a　 n
　　　　　　　　　　　ad

（彼女の視線は 1 冊の古い本の上に止まった）

　fell は fall（落ちる）という動詞の過去形です。fall の活用は［fall—fell—fallen］という不規則活用ですから、fell はつづりを見ただけで過去形だとわかります。過去形の動詞には必ず主語がついて「S＋V」で文を作ります。fell には Her eyes という主語がついて、Her eyes fell（＝S＋V）で「文」を作っています。

Lesson 4

≫ 4-12 人称

現在形
It marks the end of one era in human history and the beginning of
S   V   n 前 a n 前 a   n   +   n 前
                a   a
another.
n
a

(それは、人間の歴史の一時代の終わりと次の時代の始まりを示している)

　一般動詞の現在形は原形と同じつづりか、または原形の語尾に s がついたつづりになります。そして、この 2 つの形はどんな名詞が主語になるかによって使い分けます。英文法では「話し手」を「1 人称」といい、「聞き手」を「2 人称」といい、話し手と聞き手以外の人、もの、事柄を「3 人称」といいます。そして、それぞれに単数・複数の区別があります。したがって、次のようになります。

I（私）	1 人称・単数
we（私たち）	1 人称・複数
you（あなた）	2 人称・単数
you（あなたたち）	2 人称・複数
he（彼）	3 人称・単数
it（それ）	3 人称・単数
they（彼ら・それら）	3 人称・複数
girls（女の子たち）	3 人称・複数

3 人称・単数・現在の s

　ところで、3 人称・単数の名詞(=「私、私たち、あなた、あなたたち」以外の名詞の単数形)が主語になると、一般動詞の現在形は原形の語尾に s がついたつづりになります。この「s」のことを「3 人称・単数・現在の s」といい、これを縮めて「3 単現の s」と呼んでいます。ちなみに、be 動詞の場合は、3 人称・単数の名詞が主語になると be 動詞・現在形は is になります。1 人称・単数の名詞(=I)が主語になると be 動詞・現在形は am で、それ以外のとき(=2 人称・単数、2 人称・複数、3 人称・複数の名詞が主語になるとき)は be 動詞・現在形は are です。

　以上の法則を表にまとめると次のようになります。

	主語になる名詞	現在形のつづり
be 動詞	1 人称単数 (I)	am
	1 人称複数 (we)、2 人称単数・複数 (you)、3 人称複数	are
	3 人称単数	is
一般動詞	1 人称単数・複数 (I, we)、2 人称単数・複数 (you)、3 人称複数	原形と同じ
	3 人称単数	原形の語尾に s がついたつづり

　さて、It marks the end of one era in human history and the beginning of another. の文に戻りましょう。英文は「S + V」ですから、動詞がなければ英文は成立しません。この文を構成しているすべての単語の中で動詞になれる可能性があるのは marks だけです。beginning は begin という動詞の ing 形に見えますが、この文の beginning は純粋な名詞です。それは定冠詞 (= the) がついていることからわかります。動詞に定冠詞がつくことは絶対にありませんから、beginning は名詞だとわかるのです。marks は mark (=「印」という意味の名詞) の複数形のようにも見えますが、それではこの英文には動詞がなくなってしまい、英文が成立しません。したがって、marks は動詞です。

　mark (印をつける、示す) という動詞の活用は規則活用です。活用をすべて言うと次のようになります。原形 = mark、現在形 = mark, marks、過去形 = marked、過去分詞形 = marked、ing 形 = marking。したがって、marks はつづりを見ただけで現在形だとわかります。主語が 3 人称・単数の名詞 (= It) なので、現在形の動詞に 3 単現の s がついているのです。以上をまとめると次の流れになります。

英文には動詞が必要 ⇨ 動詞になれるのは marks だけ ⇨ marks は動詞 ⇨ 3 単現の s がついている ⇨ marks は現在形

　それから and は等位接続詞で、the end と the beginning をつないでいます。文末の another は「別のもの」という意味の名詞です。「もの」の中身は an era in human history (人間の歴史の一時代) ですから、another は another era in human history (人間の歴史の別の時代) を another 1 語で表しているのです。

Lesson 4

>> 4-13　述語動詞と準動詞

　　　　　　　　　　過去形
These successes established his reputation as a writer.
　　a　　　S　　　　V　　　　a　　n　　前　　n
　　　　　　　　　　　　　　　　　　　　　a

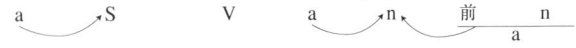

(これらの成功が、彼の作家としての名声を確立した)

establish (確立する) は規則活用です。したがって、established は過去形か過去分詞形のどちらかです。これを決定するためには、過去形と過去分詞形の使い方について理解している必要があります。そこで、これについて説明しましょう。

「主語がつかず文を作らない動詞」もある

　これまで、「英文は動詞に主語がついたもの(= S + V) だ」と説明してきました。しかし、実は、どんな動詞のどんな活用でも主語がついて文を作るわけではないのです。動詞には「主語がついて文を作る場合」と「主語がつかず文を作らない場合」の2つがあるのです。そして「主語がついて文を作る動詞」を「述語動詞」と呼び、「主語がつかず文を作らない動詞」を「準動詞」と呼びます。そこで、文の定義を正確に言い直すと、「文は述語動詞に主語がついたものだ」となります。ところで、すべての動詞が述語動詞にも準動詞にもなれる(= 文を作る場合も作らない場合もある)のですが、このどちらになるかは「こういうときは述語動詞になり(= 文を作り)、こういうときは準動詞になる(= 文を作らない)」というように厳密に決められているのです。

　少し話が抽象的になりすぎたので、具体的にお話しましょう。たとえば、begin (始まる、始める) と eat (食べる) と go (行く) の3つの動詞を考えたとき、begin と eat は述語動詞にだけなり(= 準動詞にはならず)、go は準動詞にだけなる(= 述語動詞にはならない)、というわけではないのです。begin も eat も go も、あるときは述語動詞になり、あるときは準動詞になる、というように両方の場合があるのです。そして、その内訳は、たとえば began と ate と went (いずれも過去形です) は必ず述語動詞になり、begun と eaten と gone (いずれも過去分詞形です) は助動詞がつかないと必ず準動詞になる、というように厳密に決められているのです。

　述語動詞と準動詞の詳しい説明(特に「動詞が準動詞になるとはどういうことか = 動詞に主語がつかず文を作らないというのはどういうことか」の説明) は Lesson 7 ですることにして、ここでは established の活用を決定するのに必要な限りでお話する

088

ことにしましょう。

現在形と過去形の動詞は必ず述語動詞になる

前にもお話しましたが、現在形と過去形の動詞には次の特徴があります。

> 1. 前に助動詞がつくことは決してない。
> 2. 必ず主語を伴う。

「必ず主語を伴う」ということは「その動詞は必ず述語動詞になり、文を作る」ということです。つまり、「現在形と過去形の動詞は助動詞がつかずに(= 単独で = 裸で)用いられ、必ず述語動詞になって主語を伴い、文を作る」のです。これを表にまとめると次のようになります。

> 現在形動詞
> 過去形動詞　⇨ 常に裸＝絶対に助動詞がつかない ⇨ 必ず述語動詞になる

過去分詞形の動詞は裸だと必ず準動詞になる

それに対して、過去分詞形の動詞は、be 助動詞か have 助動詞がつく(これを「着物を着ている」といいます)場合とつかない(これを「裸」といいます)場合の両方があり、つかない場合(= 裸の場合)は必ず準動詞になります。これを表にまとめると次のようになります。

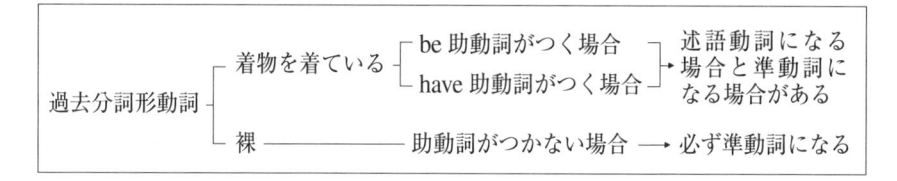

> 過去分詞形動詞 ┬ 着物を着ている ┬ be 助動詞がつく場合 ┐→ 述語動詞になる場合と準動詞に
> 　　　　　　　│　　　　　　　└ have 助動詞がつく場合 ┘　なる場合がある
> 　　　　　　　└ 裸 ──────── 助動詞がつかない場合 → 必ず準動詞になる

さて、以上の知識から established の活用がわかります。この established が過去分詞形だとすると、裸(= be 助動詞も have 助動詞もついていない)ですから、必ず準動詞です。すると、この英文には述語動詞がないことになり、文ではなくなってしまいます。それに対して、established が過去形だとすると必ず述語動詞です。述語動詞は主語を伴って文を作ります。この established は These successes という主語を伴って文を作っています。以上の考察から、この established は過去分

Lesson 4

詞形ではなく、過去形であることがわかります。なお、この文の as は「～として」という意味の前置詞です。

≫ 4-14　一般助動詞の特徴

```
      現在形 原形                    現在形 原形
We  may  call  him  a  failure,  but  we  must  learn  sincerity  from  him.
S   aux   V    n    n      +     S   aux    V       n        前     n
                                                                    ad
```

(我々は彼を敗北者と呼んでもいい。しかし、我々は彼から誠実さを学ばなければならない)

一般助動詞には次の特徴があります。

一般助動詞の特徴
1.　現在形と過去形しかない(ただし、do は原形のことがある)。
2.　後ろには原形の動詞または原形の助動詞がくる。
3.　前に(さらに別の)助動詞がつくことは決してない。
4.　一般助動詞の後にくる動詞は必ず述語動詞になる。

上の特徴の中で「一般助動詞の後ろに原形の助動詞がくる」というのは、たとえば may be given (与えられるかもしれない)のような形です。これは「may は一般助動詞・現在形、be は be 助動詞・原形、given は動詞・過去分詞形」です。この形は後で例文で勉強します。

動詞でも助動詞でも、現在形・過去形が出てきたら、そこは必ず述語動詞になる

それから、「一般助動詞の後にくる動詞は必ず述語動詞になる」というのは、たとえば may be given であれば、given は必ず述語動詞になり、主語がついて「主語 may be given」で文になる、ということです。まだ、be 助動詞と have 助動詞の詳細を勉強していませんから、少し先走った言い方になりますが、要するに英語では、「動詞でも助動詞でも、現在形・過去形が出てきたら、そこは必ず述語動詞になる(= 文が存在する)」ということです。

それでは例文を検討しましょう。may call は may が一般助動詞・現在形、call が動詞・原形です。そして、call は現在形助動詞がついているので必ず述語動詞になり、主語の We を伴っています。We may call は「主語 + 述語動詞」なので

文です。この may は「〜してもよい」という「許可」の意味を表しています。ちなみに、may の過去形は might です。

must learn は must が一般助動詞・現在形、learn が動詞・原形です。learn は現在形助動詞がついているので述語動詞で、主語の We を伴って、We must learn で文になっています。この must は「〜しなければいけない」という「義務」の意味を表しています。

must の過去形は？

それから、must の過去形については微妙な問題があります。辞書、文法書はほぼ一致して次のように説明します。

> must には現在形しかない。したがって過去の意味は had to で表す。ただし、一部の限られたケースでは現在形の must を過去形に代用する。

しかし、私は次のように考えたほうがよいのではないかと思っています。

> must は現在形と過去形が同形（＝同じつづり）である。ただし、過去形の must は一部の限られたケースでのみ使われ、通常は had to で代用する。

どっちでもいいようですが、後者の立場をとったほうが合理的に説明できる表現があるのです。ただし、この問題は本書の守備範囲を完全に超えていますので、ここでは深入りしないことにします。

【問5】 「前置詞＋名詞で構成される形容詞句または副詞句」に下線を引き、その品詞と働きを記号で記入しなさい。
　それ以外の部分については各語の下に品詞を記入し、主語、補語、修飾の働きをしている語は記号でそれを示しなさい。
　ただし、冠詞については何も記入しないことにします。
　最後に動詞と助動詞について活用（＝何形か）を口頭で指摘しなさい。

1. A great man doesn't care about trifles.

2. Readers should base their judgement on the facts.

Lesson 4

3. George read the letter to all his friends.

4. Read the letter aloud.

5. The women in those days spent much money on a corset very much like the ones in use today.

6. A hunter lost his way in a snowstorm and bivouacked in a snowdrift.

7. A hunter lost in a snowstorm bivouacked in a snowdrift.

8. His remains lie in the cemetery.

9. His past remains a complete riddle to us.

>> 解答・解説

　　　　　　　　　　　　現在形　　原形
1. A great man doesn't care about trifles.
　　　　a　　　S　　aux　　ad　　V　　前　　　n
　　　　　　　　　　　　　　　　　　　　　　ad

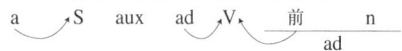

（大度量の人は瑣事を気にかけない）

問題文がもし肯定文なら、次のようになります。

A great man cares about trifles.
　　a　　　S　　　V　　　前　　n
　　　　　　　　　　　　　　　ad

（大度量の人は瑣事を気にかける）

　主語の A great man は 3 人称単数なので、現在形の動詞には 3 単現(= 3 人称・単数・現在)の s がつきます。cares の末尾の s は 3 単現の s です。cares は一般動詞で、しかも助動詞はついていません。そこで、この文を否定文にするときは、助動詞の do を使います。

助動詞 do には 3 人称・単数・現在形がある
　助動詞 do は、be 助動詞や have 助動詞と同じように、3 人称・単数・現在形 (= does) があります。そこで、これ (= does) を使います。その次に否定の副詞 not を置き、その後に原形の care を置きます。すると does not care になります。こ

れで否定形になりました。does not を短縮形にして doesn't care にすることもできます。問題文は短縮形を使っています。

should は過去形だが現在の意味を表す

2. Readers should base their judgement on the facts.
　　　S　　　aux　　　V　　a　　n　　前　　　n
　　　　　　　　　　　　　　　　　　　　　　　ad
（読者は事実に基づいて判断すべきである）

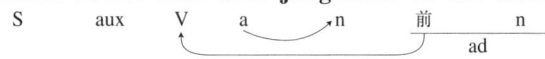

　should は助動詞 shall の過去形です。しかし、この should が表しているのは過去の意味ではなく、「～すべきだ」という現在の意味です。「なぜ過去形の助動詞が現在の意味を表すのか？」という疑問は「仮定法」という文法事項を勉強しないとわかりません。仮定法は本書の守備範囲外ですので、ここでは説明しません。したがって、みなさんは不得要領だと思いますが、「この should は過去形だが『～すべきだ』という現在の意味を表している」ということでとりあえずは納得してください。
　この文章を直訳すると「読者は自分の判断を事実に基づかせるべきだ」となります。これを意訳すると上に出した和訳になります。

3. George read the letter to all his friends.
　　　S　　V　　　n　　前　a　　a　　n
　　　　　　　　　　　　　　　　ad
（ジョージは友達全員にその手紙を読んで聞かせた）

　read（読む）は不規則活用の動詞で、[read—read—read] という活用です。つづりは同じですが発音は違っていて、原形と現在形の発音は [ríːd] で、過去形と過去分詞形は [réd] です。さて、そういう次第ですから問題文の read も原形、現在形、過去形、過去分詞形の4つの可能性があります。今まで勉強した知識を総動員して検討してみましょう。
　「原形動詞が使われる5つのパターン」のうち、現在わかっているのは「一般助動詞の後に続く動詞は原形」と「命令文の述語動詞は原形」という2パターンだけです。問題文の read はこの2パターンのどちらにも当てはまらないので原形ではありません。
　主語の George は3人称単数の名詞ですから、現在形なら3単現の s がついて

reads になるはずです。したがって read は現在形ではありません。read が過去分詞形だとすると、裸(= be 助動詞も have 助動詞もついていない)ですから、必ず準動詞です。文には必ず述語動詞が必要です。read が裸の過去分詞(= 準動詞)だとすると、他に述語動詞になる動詞が必要です。しかし、この文は read 以外に動詞はありません。したがって、read はどうしても述語動詞でなければならないので過去分詞形ではありません。以上の検討から、消去法によって read は過去形に決まります。過去形なら必ず述語動詞になりますから、この英語は問題なく文として成立します。過去形ですから read の発音は [réd] です。

　　　　　原形
4. **Read the letter aloud.**
　　　V　　　　n　　ad

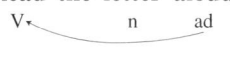

　　(その手紙を声に出して読みなさい)

　この文は命令文なので主語の You を省略し、述語動詞に原形を使っています。原形ですから read の発音は [ríːd] です。

　　　　　　　　　　　　　　過去形
5. **The women in those days spent much money on a corset very much like the ones in use today.**
　　　　S　　　前　a　　n　　V　　a　　n　　前　　n　　ad　ad
　　　　　　　　　　a　　　　　　　　　　　　　　　ad
　前　　n　前　n　　ad
　　a

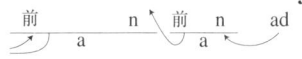

　　(当時の女性は、今日使われているコルセットに大変よく似たコルセットに大金を費やした)

　この英文中で動詞の可能性がある語は spent と like です。spend (費やす)は [spend—spent—spent] という不規則活用ですから、spent は過去形か過去分詞形です。過去形なら必ず述語動詞で、過去分詞形なら裸ですから必ず準動詞です。
　like (好む)は [like—liked—liked] という規則活用ですから、like は原形か現在形です。現時点で知っている「原形動詞が使われるパターン(= 今のところは、一般助動詞の後と命令文)」に当てはまらないので like は原形ではありません。like は動詞だとすれば現在形(= 述語動詞)です。主語の The women は複数なので現在形でも 3 単現の s はつきません。ところで、like は動詞とは限りません。前置詞の場合があります。前置詞の like は「〜のような、〜に似た」という意味です。
　さて、以上の分析から可能性は次の 2 つです。

1. spent は過去形(= 述語動詞)で、like は前置詞
2. spent は裸の過去分詞形(= 準動詞)で、like は現在形(= 述語動詞)

しかし、ちょっと意味を考えれば 2. は誤りだとわかります。The women in those days (その当時の女性)は過去の女性です。それが現在形の like の主語になることは考えられません。したがって 1. が正解です。

ones は corsets の代わりになる代名詞です。use は「使用」という意味の名詞で、in use は「使われている」という意味の形容詞句です。ちなみに、前に出てきた of use の use は「効用(= 役に立つという性質)」という意味で、of use は「役に立つ」という意味の形容詞句でした。very much は like the ones (コルセットに似ている)という形容詞句を強める副詞です。very much like the ones で「コルセットに大変よく似ている」という意味になります。

過去形　　　　　　　　　　　　　　　過去形
6. A hunter lost his way in a snowstorm and bivouacked in a snowdrift.
　　　　S　V　a　O　前　　　n　　　+　V　　前　　　n
　　　　　　　　　　　　　　ad　　　　　　　　　　　ad

(一人の猟師が吹雪で道に迷い、雪溜りの中でビバークした)

lose (失う)は [lose—lost—lost] という不規則活用です。bivouac (ビバークする、不時の野営をする)は [bivouac—bivouacked—bivouacked] という規則活用です。発音の関係から、過去形と過去分詞形は原形の末尾に k をつけてから ed をつけ加えます。したがって lost も bivouacked も過去形(= 述語動詞)と過去分詞形(= 裸なので準動詞)の両方の可能性があります。

述語動詞と準動詞は等位接続詞でつなげない

ところで、この 2 つの動詞は等位接続詞(= and)でつながれています。述語動詞と準動詞を等位接続詞でつなぐことはできません。述語動詞と準動詞は等位(= 対等の関係)ではないからです。したがってこの 2 つの動詞は両方とも述語動詞か、両方とも準動詞のどちらかです。だとすれば、両方とも述語動詞です(両方とも準動詞では文にならないからです)。したがって lost と bivouacked はどちらも過去形(= 述語動詞)です。lost his way (自分の道を失った)は「道に迷った」という意味です。

　　　　　　　　　　　　　過去形
7. A hunter lost in a snowstorm bivouacked in a snowdrift.
　　　　S　a　前　　　n　　　V　前　　　n
　　　　　　　　　ad　　　　　　　　ad

Lesson 4

(吹雪で道に迷った猟師が雪溜りの中でビバークした)

　この文の lost は、本来は lose の過去分詞形です。lost in a snowstorm で「吹雪の中で失われた」という意味で A hunter を修飾しています。なぜ過去分詞形がこういう意味になり、こういう働きをするのかは Lesson 7 で詳しく勉強します。
　ところで、辞書は一致して、この lost を「道に迷った」という意味の純粋な形容詞として扱っています。したがって、辞書に従えば、lost in a snowstorm は「吹雪の中で道に迷った」という意味で、lost は A hunter を修飾する形容詞です。

　　　　　　　　　　現在形
8.　His remains lie in the cemetery.
　　　a　　S　　V　前　　　　n
　　　　　　　　　　　　ad

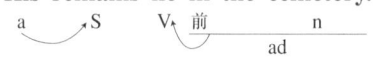

　　　(彼の遺骸はその墓地に葬られている)

　この英文中で動詞の可能性がある語は remains と lie です。remain(残る、依然として～である)は [remain—remained—remained] という規則活用です。したがって remains は動詞だとすれば s がついているので3人称、単数、現在形です。ところで、remains は動詞とは限りません。名詞の場合があります。名詞の remains (この名詞は常に複数形で使います)は「残り物、遺体、遺物」という意味です。
　lie(横たわる)は [lie—lay—lain] という不規則活用です。したがって lie は原形か現在形です。現時点で知っている「原形動詞が使われるパターン(＝今のところは、一般助動詞の後と命令文)」に当てはまらないので lie は原形ではありません。lie は、動詞だとすれば現在形(＝述語動詞)です。ところで、lie は動詞とは限りません。名詞の場合があります。名詞の lie は「うそ」という意味です。

his には所有格と所有代名詞の2つがある
　さらに、文頭の His を考えてみましょう。his には「彼の」という意味の所有格(＝所有の意味を表す形容詞)と「彼のもの」という意味の名詞(＝所有代名詞と呼ばれます)の2つの可能性があります。名詞(＝所有代名詞)の場合は3人称・単数または複数として扱われます。
　さて、以上の分析から可能性は次の2つです。

　　　　　　　現在形
　1.　His remains lie in the cemetery.
　　　　S　　　V　n 前　　　　n
　　　　　　　　　　　　ad

（彼のものは、その墓地の中で、依然としてうそである）

2. His remains lie in the cemetery.
   　　　　　　現在形
   　a　 S　V　前　　　　　n
   　　　　　　　　　ad

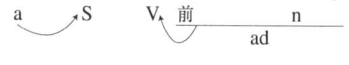

（彼の遺体はその墓地の中に横たわっている）

1. では意味が通りませんから、2. が正解だとわかります。

9. His past remains a complete riddle to us.
   　a　 S　 V　　　a　　n　前　n
   　　　　　　　　　　　　　　a

（彼の過去は依然として我々にとって完全な謎である）

past は名詞、形容詞、副詞、前置詞の可能性があります。次のような具合です。

past	n 過去
	a 過去の
	ad 過ぎて
	前 ～を過ぎて

しかし、前に所有格の His がついているので past は名詞だとわかります。His past で「彼の過去」という意味です。すると remains は現在形の動詞です。主語の His past が 3 人称・単数の名詞なので、3 単現の s がついているのです。

remain には「残る」と「依然として～である」という 2 つの意味があります。この文の remains は後者の意味です。remains a complete riddle で「依然として完全な謎である」という意味になります。

Lesson **5**
have 助動詞と
be 助動詞

Lesson 5

>> 5-1 have 助動詞

have 助動詞には次の特徴があります。

have 助動詞の特徴
1. 原形、現在形、過去形、ing 形はあるが、過去分詞形はない（原形は have、現在形は have か has、過去形は had、ing 形は having です）。
2. 後ろには過去分詞形の動詞または助動詞がくる。
3. 前に一般助動詞がつくことがある。
4. have 助動詞の後にくる動詞は述語動詞になる場合と、準動詞になる場合の両方がある。

have given／have been given

　上の特徴の中で「2. have 助動詞の後ろに過去分詞形の動詞または助動詞がくる」というのは、たとえば have given（与えてしまった）や have been given（与えられてしまった）のような形です。これは「have は have 助動詞・原形または現在形、given は動詞・過去分詞形」「have は have 助動詞・原形または現在形、been は be 助動詞・過去分詞形、given は動詞・過去分詞形」です。have been given のような形は後で例文で勉強します。

may have given

　それから「3. have 助動詞の前に一般助動詞がつくことがある」というのは、たとえば may have given（与えたかもしれない）のような形です。これは「may は一般助動詞・現在形、have は have 助動詞・原形（一般助動詞の後には原形の動詞または助動詞がくるからです）、given は動詞・過去分詞形」です。この形は後で例文で勉強します。

had given／may have given／having given

　さらに「4. have 助動詞の後にくる動詞は述語動詞になる場合と、準動詞になる場合の両方がある」というのはたとえば、had given や may have given であれば given は述語動詞ですが、having given であれば given は準動詞になる、というようなことです。had given の had は過去形です（have 助動詞には過去分詞形がないので、助動詞の had は必ず過去形です。ただし、動詞の have の活用は [have—had—

had]ですから、もし had given の had が動詞であるなら、過去形の場合と過去分詞形の場合の両方があります。こういうこと(= had given の had が動詞であること)も実際にありうるのです。しかし、これはずっと勉強が進んでからの話です。興味のある方は『英語リーディング教本』の§63をご覧ください)。したがって、given は絶対に述語動詞になります。may have given の may は現在形ですから given は絶対に述語動詞になります。having given の given が準動詞になるのは、これまでに勉強してきた知識だけではわかりません。having given のような形は後で例文で勉強します。ともかく、ここでは「have 助動詞がついた動詞は必ず述語動詞になるというわけではない。準動詞になることもあるのだ」と理解しておいてください。

それでは例文を検討しましょう。

```
        現在形  p.p.
He  has  spent  all  his  money.
S   aux   V     a    a    n
```
(彼は自分の金をすべて使ってしまった)

has は一般動詞または have 助動詞の3人称単数現在形(=主語に3人称単数の名詞がきたときの現在形)です。spent は spend (費やす)という動詞の過去形か過去分詞形です (spend の活用は [spend—spent—spent] です)。これを単純に組み合わせれば has spent には 2×2 = 4 で 4 通りの可能性があることになります。しかし、「英語には have 助動詞というものがあり、この後ろには過去分詞形の動詞または助動詞がくる」ということを知っていれば、has spent はこの形だと考えるのが自然です(実は、had given と同じように、has spent の has が一般動詞・現在形、spent が一般動詞・過去分詞形になる場合もありうるのですが、これは今は考えないことにします)。したがって、has は have 助動詞・現在形、spent は動詞・過去分詞形です。

「have 助動詞 + 動詞・過去分詞形」を「完了」といいます

このように have 助動詞の後に過去分詞形の動詞がきた形を「完了」とか「完了形」と呼びます。そして have 助動詞が現在形の場合は「現在完了」、have 助動詞が過去形(= had)の場合は「過去完了」と呼びます。したがって has spent は現在完了です。完了形は「~してしまった(完了、結果)、~したことがある(経験)、~し続けてきた(継続)」などの意味を表します。完了形が表す様々な意味やニュアンスについては、本書の守備範囲を超えていますのでここでは深入りしないことにします(興味のある方は『英語リーディング教本』の§24をご覧ください)。とりあえ

ず、ここでは完了形であることを見抜き、活用を言える力を養ってください。

それから、「has spent の活用は ?」と尋ねられたとき、「完了形です」と答えてはいけません。なぜなら、完了形などという活用はないからです(活用は原形、現在形、過去形、過去分詞形、ing 形の 5 つだけです)。正しい答えは「has は現在形で、spent は過去分詞形です」となります。ここは大事なところですから、おろそかにしないでください。

過去分詞形は p.p. と表示します

それから、過去分詞は英語で past participle というので通常これを略して p.p. と表示します。spent の上に p.p. と書いてあるのは過去分詞形のことです。

can't have p.p. は「―したはずはない」という意味を表す

```
    現在形  原形    p.p.
It can't have been true.
S aux ad  aux   V    ᵃC
```

(それが本当だったはずはない)

have 助動詞は前に一般助動詞がつくことがあります。この文の場合は can がついています。一般助動詞の後にくる動詞、助動詞は原形ですから、have は原形です。have 助動詞の後にくる動詞は過去分詞形ですから、この文では be 動詞の過去分詞形(= been)がきています。それから have は原形ですから have been は現在完了ではありません(have been を現在完了と呼ぶのは、have か現在形の場合です)。しいていえば「原形完了」という呼び方になりますが、原形完了という文法用語はありません。have が原形の場合の「have + p.p.」はただ「完了形」と呼んでいます。そこで can't have been の呼び名は「can't + 完了形」です。

「can't + 完了形(= can't have p.p.)」は「〜した可能性はない → 〜したはずはない」という意味を表します。この場合の have p.p. (= can't の後に続く have p.p.) は、形は完了形ですが必ずしも「完了」の意味(=〜してしまった)を表しません。単純な「過去」の意味(=〜した)を表すのが基本です。この文の have been true も「本当であってしまった」という完了の意味ではなく、「本当だった」という過去の意味を表しています。

>> 5-2 be 助動詞

be 助動詞には次の特徴があります。

be 助動詞の特徴
1. すべての活用がある。
2. 後ろには「過去分詞形の動詞」か「ing 形の動詞または助動詞」がくる。
3. 前に have 助動詞や一般動詞がつくことがある。
4. be 助動詞の後にくる動詞は述語動詞になる場合と準動詞になる場合の両方がある。

was given／is giving／was being given

上の特徴の中で「2. be 助動詞の後ろには『過去分詞形の動詞』か『ing 形の動詞または助動詞』がくる」というのは、たとえば was given (与えられた)や is giving (与えつつある)や was being given (与えられつつあった)のような形です。これは「was は be 助動詞・過去形、given は動詞・過去分詞形」「is は be 助動詞・現在形、giving は動詞・ing 形」「was は be 助動詞・過去形、being は be 助動詞・ing 形、given は動詞・過去分詞形」です。「be 助動詞の後ろに ing 形の助動詞がくる」という場合の「ing 形の助動詞」は必ず being (= be 助動詞・ing 形)で、having (= have 助動詞・ing 形)がくることはありません。それから一般助動詞はもともと ing 形がないのでここには該当しません。

have been given／have been giving／may be given／may be giving

それから「3. 前に have 助動詞や一般助動詞がつくことがある」というのは、たとえば have been given (与えられてしまった)や have been giving (与え続けている)や may be given (与えられるかもしれない)や may be giving (与えているかもしれない)のような形です。

さらに「4. be 助動詞の後にくる動詞は述語動詞になる場合と準動詞になる場合の両方がある」というのは、たとえば was given や had been giving や may be given であれば given や giving は述語動詞ですが (was と had は過去形で may は現在形だからです)、having been given であれば given は準動詞になる、というようなことです。having been given の given が準動詞になるのは、これまでに勉強した知識だけではわかりません。having been given のような形は後で例文で勉強

します。ともかく、ここでは「be 助動詞がついた動詞は必ず述語動詞になるというわけではない。準動詞になることもあるのだ」と理解しておいてください。

それでは例文を検討しましょう。

≫ 5-3 受身

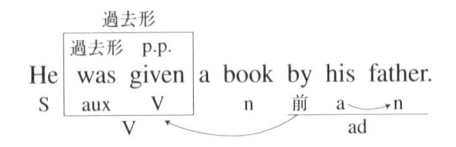

```
        過去形
       ┌過去形  p.p.┐
   He │ was  given │ a book by his father.
   S   aux    V      n   前  a    n
          V                    ad
```

（彼は父親に一冊の本を与えられた）

was と were の使い分け

be 動詞および be 助動詞の過去形は was と were です。これは次のように使い分けます。

	主語になる名詞	過去形のつづり
be 動詞 be 助動詞	1 人称単数 (= I) 3 人称単数	was
	1 人称複数 (= we) 2 人称単数、複数 (= you) 3 人称複数	were

したがって、was は be 動詞または be 助動詞の過去形です。given は give (与える) という動詞の過去分詞形です (give の活用は [give—gave—given] です)。これを単純に組み合わせれば was given には 2×1＝2 で 2 通りの可能性があることになります。しかし「英語には be 助動詞というものがあり、この後ろには『過去分詞形の動詞』か『ing 形の動詞または助動詞』がくる」ということを知っていれば、was given はこの形だと考えるのが自然です。したがって was は be 助動詞・過去形、given は動詞・過去分詞形です。

受身／受身形／受動態

このように be 助動詞の後に過去分詞形の動詞がきた形を「受身」とか「受身

形」とか「受動態」と呼びます。受身形は「～される、～された」という意味を表します。

giveは「与える」という意味ですから(このように受身形でない形は「能動形」とか「能動態」といいます)、is givenは「与えられる」、was givenは「与えられた」という意味になります。

受身形の活用には2つの捉え方がある

ところで受身形の活用については学校文法(= 中学、高校で勉強する文法)には特別なルールがあります。それは次のルールです。

> 受身の場合は、be助動詞と過去分詞形の動詞を合わせて、全体を1つの動詞と考え、この動詞の活用はbe助動詞の活用によって決める。

具体的に説明すると、was given (与えられた)を「was は be 助動詞・過去形、given は動詞・過去分詞形」と捉えるのは辞書の捉え方で、学校文法では「was given はこれ全体が1つの動詞で、活用は過去形である」というように捉えるのです。辞書の捉え方と学校文法の捉え方を対比すると次のようになります。

	辞書の捉え方	学校文法の捉え方
be given	beは助動詞・原形 givenは動詞・過去分詞形	全体が1つの動詞の原形
is given	isは助動詞・現在形 givenは動詞・過去分詞形	全体が1つの動詞の現在形
was given	wasは助動詞・過去形 givenは動詞・過去分詞形	全体が1つの動詞の過去形
been given	beenは助動詞・過去分詞形 givenは動詞・過去分詞形	全体が1つの動詞の過去分詞形
being given	beingは助動詞・ing形 givenは動詞・過去分詞形	全体が1つの動詞のing形

この2つの捉え方は英文を正しく認識するためにどちらも必要です。したがってどちらの捉え方も自由自在にできなければいけません。当面は2つの捉え方を併記しますが、やがて慣れてきたら、特に断りがない限り学校文法の捉え方で考えることにします。
　くどいですが、例文を、辞書の捉え方と学校文法の捉え方の両方で分析すると次のようになります。

> (辞書の捉え方)　この文の述語動詞は given で、活用は過去分詞形である。なぜ given が述語動詞かというと過去形の助動詞(= was)がついているからである。

> (学校文法の捉え方)　この文の述語動詞は was given で、活用は過去形である。なぜ was given が述語動詞かというと、過去形だからである。

受身形という活用はない

　それから「was given の活用は？」と尋ねられたら「受身形です」と答えてはいけません。なぜなら受身形という活用はないからです。正しい答えは、辞書の捉え方なら「was は過去形で given は過去分詞形です」、学校文法の捉え方なら「was given は過去形です」となります。ここは大事なところですから、おろそかにしないでください。

≫ 5-4　進行形

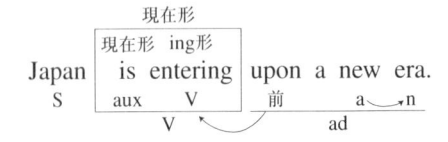

```
               現在形
         ┌──現在形  ing形──┐
  Japan  │  is   entering │ upon  a  new  era.
    S    │  aux     V     │  前   a ─── n
         └────V───────────┘        ad
```

(日本は新しい時代に入りつつある)

　is は be 助動詞・現在形(もっと詳しく言うと3人称・単数・現在形)で、entering は動詞・ing 形です。
　このように be 助動詞の後に ing 形の動詞がきた形を「進行形」と呼びます。(be 動詞の後に ing 形の動詞がくることがありますが、これはもちろん進行形ではありませ

ん。この形はいずれ勉強します)。進行形は「～しつつある、しつつあった」という意味を表します。

進行形の活用には2つの捉え方がある
ところで進行形の活用については学校文法には次の特別なルールがあります。

> 進行形の場合は、be 助動詞と ing 形の動詞を合わせて、全体を1つの動詞と考え、この動詞の活用は be 助動詞の活用によって決める。

要するに、受身のときと同じように考えるのです。具体的に説明すると、is entering (入りつつある)を「is は be 助動詞・現在形、entering は動詞・ing 形」と捉えるのは辞書の捉え方で、学校文法では「is entering はこれ全体が1つの動詞で、活用は現在形である」というように捉えるのです。
　この2つの捉え方は英文を正しく認識するためにどちらも必要です。したがってどちらの捉え方も自由自在にできなければいけません。当面は2つの捉え方を併記しますが、やがて慣れてきたら、特に断りがない限り学校文法の捉え方で考えることにします。
　くどいようですが、例文を辞書の捉え方と学校文法の捉え方の両方で分析すると次のようになります。

> (辞書の捉え方) この文の述語動詞は entering で、活用は ing 形である。なぜ entering が述語動詞かというと現在形の助動詞(= is)がついているからである。

> (学校文法の捉え方) この文の述語動詞は is entering で、活用は現在形である。なぜ is entering が述語動詞かというと、現在形だからである。

進行形という活用はない
　それから「is entering の活用は?」と尋ねられたら「進行形です」と答えてはいけません。なぜなら進行形という活用はないからです。正しい答えは、辞書の捉え方なら「is は現在形で、entering は ing 形です」、学校文法の捉え方なら「is entering は現在形です」となります。ここは大事なところですから、おろそかにしないでください。

Lesson 5

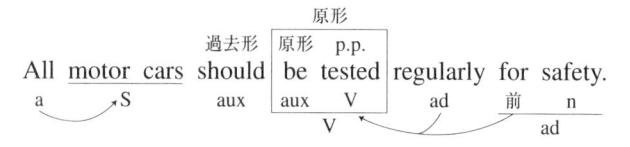

```
                                原形
                    過去形   原形   p.p.
All  motor cars  should  be  tested  regularly  for  safety.
 a    ↘S          aux    aux   V       ad       前    n
                          V                         ad
```

(すべての自動車は安全のために定期的に検査を受けるべきである)

should は一般助動詞・過去形です。過去形ですが「～すべきである」という現在の意味を表します。be tested は受身形の動詞で、活用は原形です(辞書の捉え方だと「be は be 助動詞・原形、tested は動詞・過去分詞形」です)。一般助動詞(= should)の後に続く動詞なので原形(= be tested)を使っているのです。それから should は過去形なので be tested は絶対に述語動詞です。

≫ 5-5　現在完了受身形

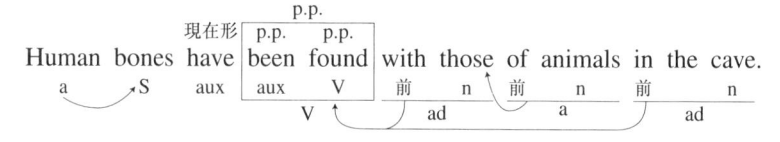

```
                          p.p.
              現在形   p.p.   p.p.
Human bones  have   been  found  with  those  of  animals  in  the  cave.
 a     ↘S    aux    aux    V      前     n    前    n      前   n
                            V             ad       a           ad
```

(その洞窟の中で、人骨が動物の骨と一緒に発見されている)

have は動詞と助動詞の両方がありますが、後ろに過去分詞形の動詞(= been found)が続いているので、助動詞と考えるのが自然です(have 助動詞＋動詞・過去分詞形で完了です)。それではこの助動詞 have の活用は何形でしょうか？　考えられるのは原形と現在形です。

have 助動詞・原形が使われるのは 2 か所だけ
　have 助動詞・原形が使われる場所は非常に限られていて 2 つしかありません。1 つは前に一般助動詞がついている場合です。前に勉強した It cannot have been true. のような場合です。もう 1 つはまだ勉強していませんが前に to がついて「to have p.p.」という形になる場合です。to have p.p. は「完了不定詞」と呼ばれる形で、この場合の have は原形です(完了不定詞は後で勉強します)。この 2 つの場合以外の have 助動詞は現在形です。
　以上の説明をまとめると次のようになります。

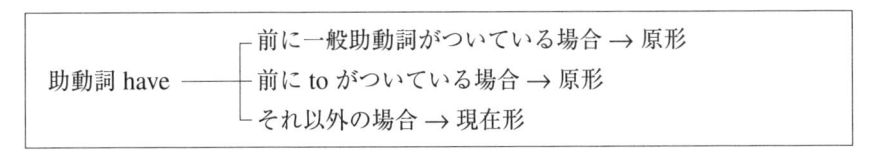

```
                    ┌─ 前に一般助動詞がついている場合 → 原形
    助動詞 have ────┼─ 前に to がついている場合 → 原形
                    └─ それ以外の場合 → 現在形
```

　この文の助動詞 have は、前に一般助動詞も to もついていないので、現在形です。

　been found は受身形の動詞で、活用は過去分詞形です(辞書の捉え方だと「been は be 助動詞・過去分詞形、found は動詞・過去分詞形」です)。have 助動詞の後に続く動詞なので過去分詞形(= been found)を使っているのです。それから have は現在形なので been found は絶対に述語動詞です。

「辞書の捉え方」と「学校文法の捉え方」を使い分けて認識する

　それからもう 1 度 have been found をよく見てください。

　found は動詞・過去分詞形です。この過去分詞形・動詞の使い方は受身です(= be 助動詞をつけて受身で使っています)。ここまでは辞書の捉え方を使って認識しています。

　been found は動詞・過去分詞形です。この過去分詞形・動詞の使い方は完了です(= have 助動詞・現在形をつけて現在完了で使っています)。これは学校文法の捉え方を使って認識しています。そこで have been found の全体を「現在完了受身形」と呼ぶのです。

　なお、those は the bones の代わりをする代名詞です。

　いかがでしょう。おわかりになりましたか？　英文を読むときはここで説明したように「辞書の捉え方」と「学校文法の捉え方」という 2 つの「ものさし」(「ものさし」と言わず「Frame of Reference = 判断枠組み」といってもよいです)を使い分けて、have been found のところで何が起こっているか(= この部分が「述語動詞」なのか「準動詞」なのか、どんな「働き」をしているのか、どんな「意味」を表しているのか)を正確に認識するのです(ただし、今の時点ではまだ「動詞の働き」についてはお話していません)。

　前に私は「この 2 つの捉え方は英文を正しく認識するためにどちらも必要です。したがって、どちらの捉え方も自由自在にできなければいけません」と言ったのですが、それはこういうことだったのです。そして、これが「英文を文法的に考える」ということなのです。1 つの英語を認識するのに 2 つの「ものさし」を使い分けるのですから、初めはひどく面倒で時間がかかります。しかし、何度も練習

Lesson 5

するうちに、次第になれて、ついには特に「ものさし」を意識しなくても頭が動くようになります。そのとき皆さんは、このシステム(=活用)がいかに巧みに作られた便利なものかということを実感することでしょう。

≫ 5-6　過去完了進行形

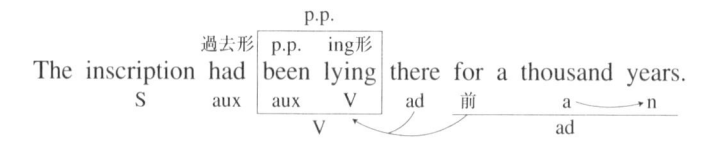

```
                    p.p.
            過去形 p.p.  ing形
The inscription had been lying there for a thousand years.
     S       aux  aux   V    ad   前    a        n
                  └─ V ─┘        └──── ad ────┘
```

(その碑文は千年もの間そこに横たわっていたのだった)

　had は動詞と助動詞の両方がありますが、後ろに過去分詞形の動詞(= been lying)が続いているので、助動詞と考えるのが自然です (have 助動詞+動詞・過去分詞形で完了です)。助動詞の had は過去形です (have 助動詞には過去分詞形がないからです)。had + p.p. は過去完了形と呼ばれます (had が過去形だからです)。
　been lying は進行形の動詞で、活用は過去分詞形です(辞書の捉え方だと「been は be 助動詞・過去分詞形、lying は動詞・ing 形」です)。have 助動詞の後に続く動詞なので過去分詞形(= been lying)を使っているのです。それから、had は過去形なので、been lying は絶対に述語動詞です。
　それからもう 1 度 had been lying をよく見てください。
　lying は lie (横たわる)という動詞の ing 形です。発音の関係で原形(= lie) の語尾の ie を y に変えて ing をつけているのです。この ing 形動詞(= lying) の使い方は進行形です (be 助動詞をつけて進行形で使っています)。ここまでは辞書の捉え方を使って認識しています。
　been lying は動詞・過去分詞形です。この過去分詞形・動詞の使い方は完了です (have 助動詞の過去形である had をつけて過去完了で使っています)。これは学校文法の捉え方を使って認識しています。そこで had been lying の全体を「過去完了進行形」と呼ぶのです。

過去完了進行形は「継続」を表す
　<u>過去完了進行形はある動作が「過去の 1 時点」から「過去の 1 時点」まで継続していたことを表します</u>。had been lying there for a thousand years は、たとえ

110

ば、「今から1100年前(=過去の1時点)」から「今から100年前(=過去の1時点)」まで「そこに継続的に横たわっていた」ことを表しているのです。現在に近いほうの「過去の1時点」がいつなのか(たとえば、今から100年前なのか、30年前なのか)ということは、この英文中には表されていません。しかし、前後の文中には明示されているので、読者にははっきりわかるのです。

>> 5-7 受身進行形

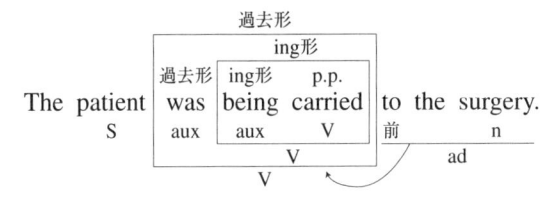

```
                    過去形
                   ┌─────────────────┐
                   │      ing形       │
                   │ ┌───────────────┐│
           過去形  │ing形        p.p.││
The patient  was  │being      carried│ to the  surgery.
     S       aux  │ aux          V  │   前       n
                  └─────V───────────┘   ad
                           V
```

(その患者は手術室に運ばれるところだった)

　carried は動詞・過去分詞形です。この過去分詞形動詞の使い方は受身です(= be 助動詞をつけて受身で使っています)。これは辞書の捉え方(= being と carried を分けて、being を be 助動詞にする捉え方)を使って認識しています。

　being carried は動詞・ing 形です。この ing 形動詞の使い方は進行形です(= was という be 助動詞の過去形をつけて進行形で使っています)。これは学校文法の捉え方(= being carried を1つの動詞にする捉え方)と辞書の捉え方(was と being carried を分けて was を be 助動詞にする捉え方)の両方を使って認識しています。

　was being carried は1つの動詞の過去形です。過去形ですから必ず述語動詞です。これは学校文法の捉え方(= was と being carried を合わせて1つの動詞にする捉え方)を使って認識しています。

　さきほどの例文でも申し上げたように、辞書の捉え方と学校文法の捉え方という2つの「ものさし」を次々に使い分けて was being carried のところで何が起こっているか(= この部分が「述語動詞」なのか「準動詞」なのか、どんな「働き」をしているのか、どんな「意味」を表しているのか)を正確に認識するのです。was being carried の全体は「受身進行形」と呼ばれます。直訳すると「運ばれつつあった」となります。

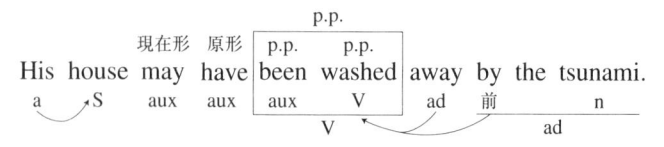

```
                         p.p.
         現在形  原形  ┌ p.p.    p.p.  ┐
His  house  may  have │ been  washed │ away  by  the  tsunami.
  a     S    aux   aux │ aux     V    │  ad   前       n
                       └──────V───────┘              ad
```

(彼の家はその津波によって流されたかもしれない)

　washed は動詞・過去分詞形です。この過去分詞形動詞の使い方は受身です (be 助動詞をつけて受身で使っています)。been washed は動詞・過去分詞形です。この過去分詞形動詞の使い方は完了です (have 助動詞をつけて完了で使っています)。have は have 助動詞・原形です。一般助動詞の後なので原形を使うのです。may は一般助動詞・現在形です。現在形助動詞の後に続く動詞は必ず述語動詞になるので、been washed は述語動詞です (これは学校文法の捉え方で、辞書の捉え方なら「washed は述語動詞です」となります)。

may have p.p.

　「may have p.p.」は「～したかもしれない(したか否かは不明だが)」という意味を表します。この完了形(= have been washed) は「完了」の意味を表しているとも考えられます。すると「流されてしまった(かもしれない)」となります。しかし、単純な「過去」の意味を表しているとも考えられます。すると「流された(かもしれない)」となります。上の訳文は一応「過去」の意味で訳しています。これは事柄が同じなので、どちらでもよいのです。

　なお tsunami は日本語の「津波」が英語に取り入れられて、英単語になっている 1 例で、辞書にも tsunami で出ています。

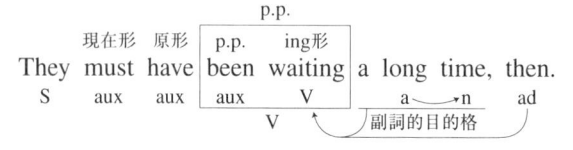

```
                       p.p.
      現在形  原形  ┌ p.p.    ing形 ┐
They  must  have │ been  waiting │ a  long  time,  then.
  S    aux   aux │ aux     V     │ a        n        ad
                 └──────V────────┘  └──副詞的目的格──┘
```

(そのとき、彼らはずいぶん長く待っていたに違いない)

　waiting は動詞・ing 形です。この ing 形動詞の使い方は進行形です (be 助動詞をつけて進行形で使っています)。been waiting は動詞・過去分詞形です。この過去分詞形動詞の使い方は完了です (have 助動詞をつけて完了で使っています)。have は have 助動詞・原形です。一般助動詞の後なので原形を使うのです。must は一般

have 助動詞と be 助動詞

助動詞・現在形です。現在形助動詞の後に続く動詞は必ず述語動詞になるので、been waiting は述語動詞です（これは学校文法の捉え方で、辞書の捉え方なら「waiting は述語動詞です」となります）。

must have p.p.
　「must have p.p.」は「～したに違いない（したか否かは不明だが）」という意味を表します（「～したに違いなかったのに（実際はしなかった）」という意味を表すこともあります。しかし、これは今は考えなくて結構です）。must の後の完了形の部分（= have p.p.）は「～した」という単純な過去の意味を表すのが基本です。したがって、p.p. の部分に「進行形の動詞の p.p.（= been –ing）を入れた have been –ing も、must の後に置かれた場合は「（過去の1時点において）～しつつあった」という単純な過去進行形の意味を表すのが基本です。
　しかし、この英文の完了進行形の部分（= have been waiting）は「（過去の1時点において）待ちつつあった」という単純な過去進行形の意味ではなく、「（過去の1時点まで）待ち続けていた」という「過去の1時点までの継続」の意味を表しています。したがって must have been waiting は「（過去の1時点まで）待ち続けていたに違いない」という意味になります。「過去の1時点」は文末の then で明示されています。

【問6】「前置詞＋名詞で構成される形容詞句または副詞句」に下線を引き、その品詞と働きを記号で記入しなさい。
　それ以外の部分については各語の下に品詞を記入し、主語、補語、修飾の働きをしている語は記号でそれを示しなさい。
　ただし、冠詞については何も記入しないことにする。
　最後に動詞と助動詞について活用（=何形か）を口頭で指摘しなさい。その際、辞書の捉え方と学校文法の捉え方が違う場合は、両方の捉え方で活用を指摘しなさい。

1. During my ten years of close association with Tom we had never had an argument.
2. Cars must not be parked in front of the entrance.
3. In those days organ transplants were not yet being conducted.
4. He is being willfully blind to the realities of the situation.

Lesson 5

5. Japan's first railway service was to have opened in October.

6. I got appendicitis and had to be rushed to the hospital.

7. This house can't have been repaired for years.

8. Some good fairy must have been protecting me.

>> 解答・解説

1. During my ten years of close association with Tom we had never had an argument.

（10年間におよぶトムとの親密な交際の間、私たちは口論をしたことは1度もなかった）

　haveという動詞の現在完了形はhave hadです。haveはhave助動詞・現在形でhadは動詞・過去分詞形です。これを過去完了にするとhad hadになります。前のhadはhave助動詞・過去形で、後のhadは動詞・過去分詞形です。問題文はこの否定形です。argumentは「口論、言い争い」という意味の名詞で、have an argumentで「口げんかをする」という意味になります。

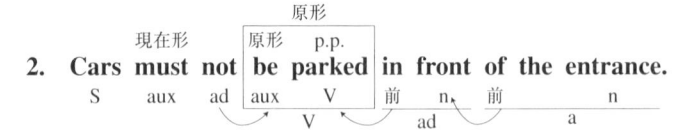

2. Cars must not be parked in front of the entrance.

（入り口の前に車を停めてはいけない）

　Cars must not be parkedを直訳すると「車は停められてはいけない」となります。

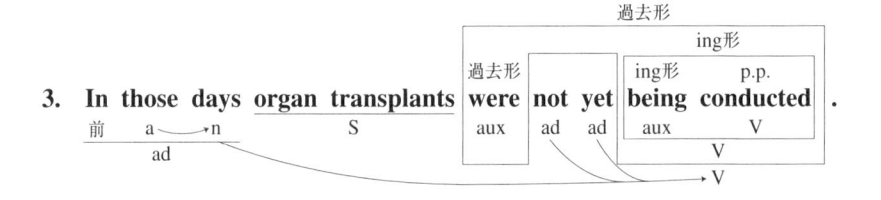

3. In those days organ transplants were not yet being conducted.

(その当時は臓器移植はまだ行われていなかった)

「助動詞＋動詞」の部分は次のようになります。

conducted：動詞・過去分詞形、使い方は受身（辞書の捉え方）
being：be 助動詞・ing 形（辞書の捉え方）
being conducted：動詞・ing 形、使い方は進行形（学校文法の捉え方）
were：be 助動詞・過去形（辞書の捉え方）
were being conducted：動詞・過去形（学校文法の捉え方）

organ transplants は「名詞＋名詞」で 1 つの名詞にしています。yet は「まだ、依然として」という意味の副詞です。

「be being 形容詞」は臨時的状態を表す

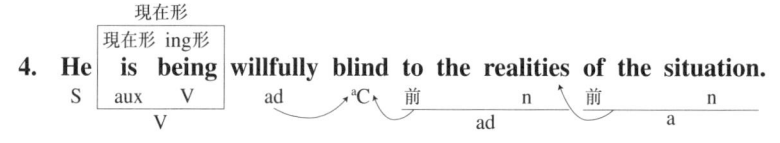

4. He is being willfully blind to the realities of the situation.

（彼は状況の現実に対して意図的に目をふさいでいる）

He is patient.（彼は忍耐強い）と言ったときは、「彼は生来忍耐強い性質の人だ」という意味で、大袈裟に言えば彼の「恒久的な性質」を表しています。それに対して、この文を進行形にして He is being patient. と言ったときは「彼は今一時的に忍耐強くしている」という意味で、大袈裟に言えば、彼の「臨時的状態」を表しています。この場合、前の is は進行形を作る be 助動詞・現在形で、後の being は be 動詞・ing 形です。

なお、patient は名詞のときは「患者」という意味ですが、形容詞のときは「忍耐強い」という意味です。「彼は一人の患者です」と言いたいときは patient に不定冠詞をつけて he is a patient. と言います。

さて、以上の説明から明らかなように、問題文は be 動詞の進行形で、「主語の臨時的状態」を表しています。He is being willfully blind は「彼は今一時的に目をふさいでいる」という意味です。

Lesson 5

助動詞 be to

　　　　　　　　　　　　　　過去形　　原形　　p.p.
5.　Japan's first railway service was to have opened in October.
　　　a　　a　　　S　　　　　　aux　　aux　　V　　前　　n
　　　　　　　　　　　　　　　　　　　　　　　　　　　　　　ad

（日本の最初の鉄道業務は 10 月に始まる予定だった）

　ought to や used to の仲間で be to という助動詞があります。この助動詞は予定（〜することになっている）、義務（〜すべきだ）、可能（〜できる）などの意味を表します。次の例文を見てください。

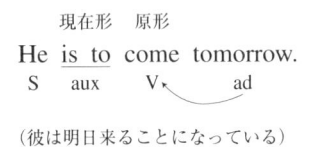

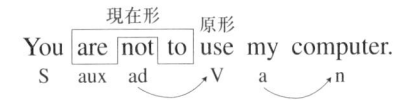

　　　　現在形　原形
　　He is to come tomorrow.
　　　S　aux　V　　　ad

（彼は明日来ることになっている）

　　　　　現在形　原形
　　You are not to use my computer.
　　　S　aux　ad　V　a　n

（君は私のコンピューターを使ってはいけない）

are not to use は「使うべきではない → 使ってはいけない」という意味です。

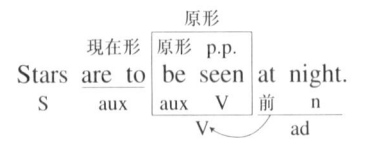

　　　　　　　　　原形
　　　　現在形　原形　p.p.
　　Stars are to be seen at night.
　　　S　　aux　aux　V　前　n
　　　　　　　　　V　　　ad

（夜には星が見える）

　Stars are to be seen は「星は見られることができる → 星が見られうる」という意味で、これを能動態に変えて訳すと「星を見ることができる → 星が見える」となります。

was to have p.p. と were to have p.p. は予定が実現しなかったことを表す

　さて、この助動詞 be to の過去形(= was to または were to) の後に完了形の動詞を置くと (= was to have p.p. または were to have p.p. にすると)「〜することになってい

たのに(実際はしなかった)」という意味を表します。たとえば次のような具合です。

　　　　過去形　原形　　p.p.
　He was to have arrived at 5.
　S　aux　 aux　　V　前　n
　　　　　　　　　　　　　 ad

(彼は5時に到着することになっていたのに、到着しなかった)

　問題文はこの形で、「日本の最初の鉄道業務は10月に始まる予定だったのだが、実際には始まらなかった」という意味です。

「be to 原形動詞」は助動詞 be to とは限らない

　なお be to 原形動詞という形(実際には、is to 原形動詞や are to 原形動詞や was to 原形動詞など)が英文中に出てきたら、必ず「助動詞 be to ＋原形動詞」になるというわけではありません。ならない(＝他の読み方をする＝be＋to 原形動詞という区切り方をする)こともあります。それが、どういう場合かは、Lesson 8 の例文でお話しすることにします。

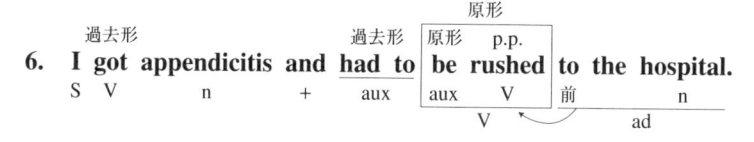

　　　　　　　　　　　　　　　　　原形
　　　過去形　　　　　過去形　原形　p.p.
6.　I got appendicitis and had to be rushed to the hospital.
　　S V　　n　　　＋　 aux　 aux　 V　 前　　　　n
　　　　　　　　　　　　　　　　　V　　　　　　　ad

(私は盲腸になって、病院に急送されなければならなかった)

　appendicitis は「虫垂炎(俗に言う盲腸炎)」のことです。get appendicitis で「盲腸炎にかかる」という意味です。had to は、学校文法では、助動詞 have to の過去形で「～しなければならなかった」という意味です。and は got と had to be rushed をつないでいます。

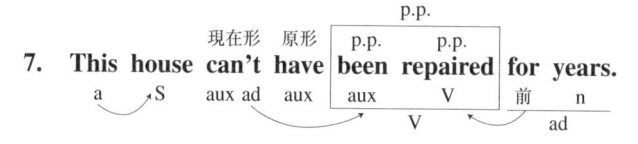

　　　　　　　　　　　　　 p.p.
　　　　　 現在形　原形　p.p.　 p.p.
7.　This house can't have been repaired for years.
　　 a　　S　aux ad　aux　 aux　 V　　前　　 n
　　　　　　　　　　　　　　　V　　　　　　ad

(この家は長年にわたり修繕を受けてきたとは思えない)

　前にも勉強したように can't have p.p. は「～した可能性はない→～したはず

Lesson 5

はない」という意味で、完了形の部分(= have p.p.) は「～した」という単純な過去の意味を表すのが基本です。

しかし、この問題文の場合は have p.p. (= have been repaired) に for years (何年もの間)という「時間的継続」を表す副詞句がついています。そこで、have been repaired は「修繕された」という単純な過去の意味ではなく、「修繕され続けてきた」という継続の意味 (have p.p. という完了形は「完了、結果、経験、継続」の意味を表しますが、その中の「継続」の意味)を表していると考えるべきです。そこで can't have been repaired for years は「何年もの間修繕され続けてきたはずはない」という意味になり、それを「長年にわたり修繕を続けてきたとは思えない」と訳しているのです。

8. Some good fairy must have been protecting me.
    a   a   S   現在形 原形   p.p.   ing形
                   aux aux   aux   V   n
                              p.p.
                              V

(きっとどこかの善良な妖精が私を守ってくれていたに違いないわ)

p. 113 で説明したように must have been –ing の have been –ing は「(過去の1時点において)～しつつあった」という単純な過去進行形の意味を表すのが基本です。この英文の must have been protecting は基本通りの意味で、「(過去のある時点において)守りつつあったに違いない」という意味を表しています。この文の場合「過去の1時点」は言葉の上では明示されていませんが、文の内容から考えて、おそらく「私がかろうじて危難を逃れたとき」です。fairy は数えられる名詞の単数形ですから、文頭の Some は「いくつかの」という意味ではありません。この Some は「(具体的にはわからないが)ある、なにか」という意味です。Some good fairy で「ある善良な妖精」という意味になります。

Lesson 6
ing 形

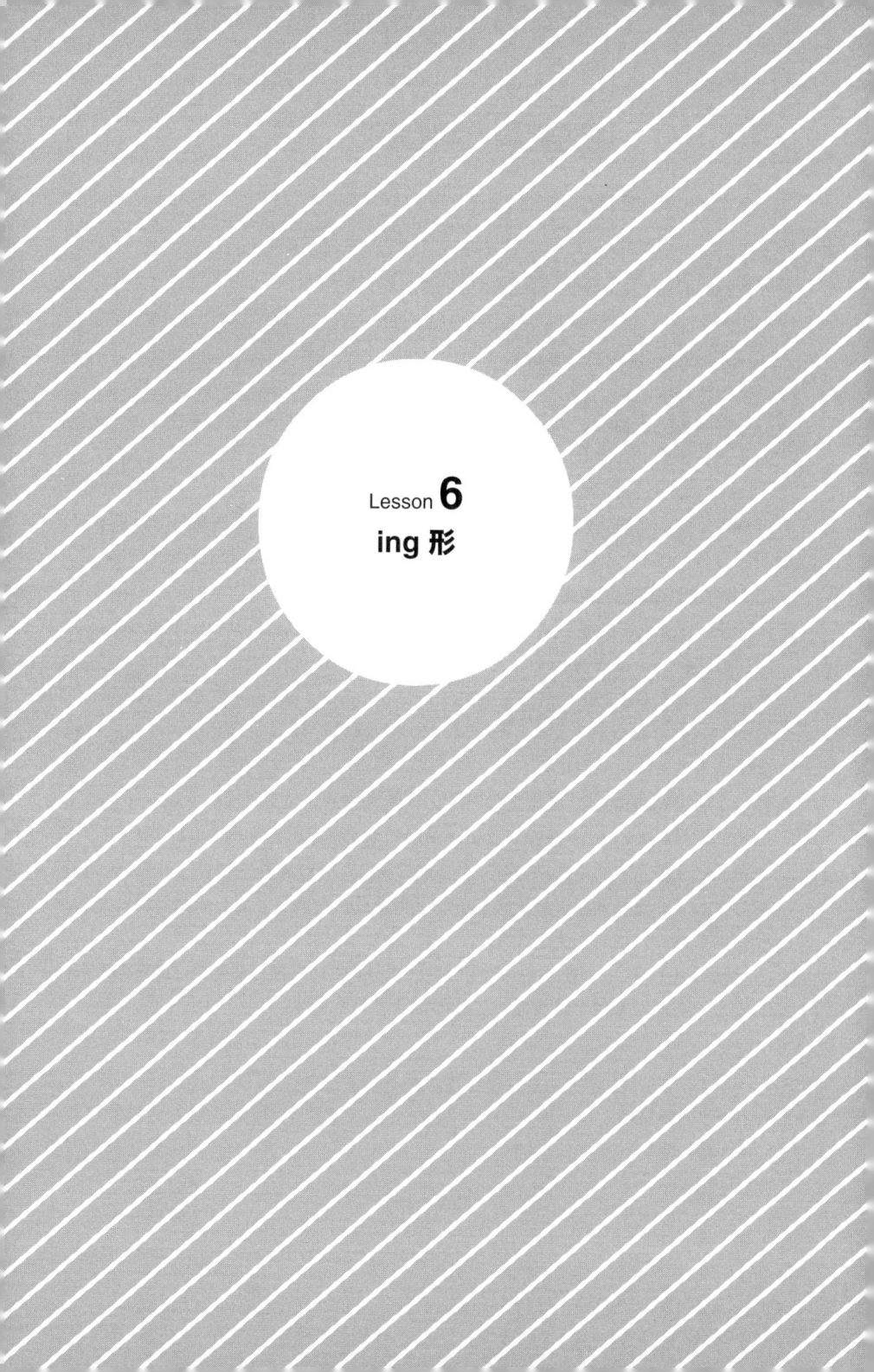

Lesson 6

≫ 6-1 述語動詞と準動詞

まず次の英文を見てください。

```
    現在形        ing形
I know the man driving that car.
S  V           n   a | v   a   n
```

（私はあの車を運転している男を知っている）

　この英文にはknowとdrivingという2つの動詞が使われています。ところが、この2つの動詞は働きの点で全く違う点があります。
　knowは純粋に動詞の働きをしているだけです。それに対して、drivingは動詞の働きをすると同時に形容詞の働きもして名詞(= the man)を修飾しています。

これが「文」の正確な定義です
　knowのように「純粋に動詞の働きだけをしている動詞(=一人一役の動詞)」を「述語動詞」といいます。そして、述語動詞には必ず主体となる名詞がついています。この名詞のことを「構造上の主語」といいます。「構造上の主語」は通常「構造上の」を省略して「主語」と呼ばれます。記号ではSと表示されます。knowの構造上の主語(=主語)はIです。そして「構造上の主語+述語動詞」を「文」といいます。I knowは「構造上の主語+述語動詞」なので「文」です。
　それに対して、drivingのように「動詞の他に別の品詞(=名詞か形容詞か副詞)を兼ねている動詞(一人二役の動詞)」を「準動詞」といいます。drivingは動詞と形容詞を兼ねている準動詞です。準動詞はこの他に、動詞と名詞を兼ねる場合と動詞と副詞を兼ねる場合があります。
　準動詞は下に⊤を書いて、T字のタテ棒の左側に名詞、形容詞、副詞のどれかを書き、右側に動詞と書きます。次のようになります。

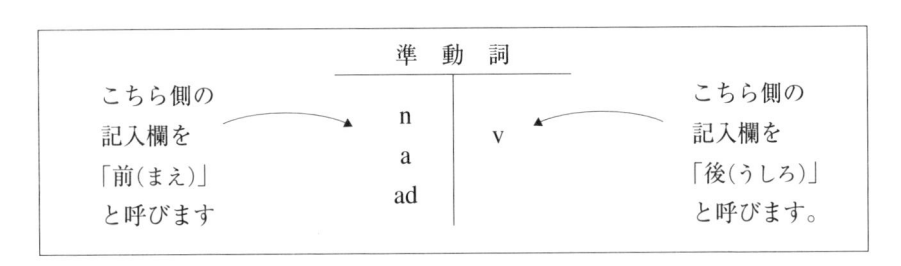

	準　動　詞	
こちら側の記入欄を「前(まえ)」と呼びます	n a ad	v　こちら側の記入欄を「後(うしろ)」と呼びます

120

ing 形

準動詞の「前」と「後」という概念を理解してください

　準動詞の「前の品詞」は名詞か形容詞か副詞です。「前の品詞」というのは「前 (=⊤のタテ棒の左側の記入欄)に書く品詞」という意味です
　準動詞の「後の品詞」は動詞です。「後の品詞」というのは「後(=⊤のタテ棒の右側の記入欄)に書く品詞」という意味です。
　driving で言うと次のようになります。

　　driving の「前の品詞」→ 形容詞
　　driving の「前の働き」→ 名詞修飾
　　driving の「後の品詞」→ 動詞
　　driving の「後の働き」→ まだ勉強していない

準動詞の主体となる名詞を「意味上の主語」といいます

　準動詞の主体となる名詞は、「構造上の主語」と区別して、「意味上の主語」と呼ばれます。意味上の主語は「意味上の」を省略して「主語」と呼ばれることはありません。常に「意味上の主語」と呼ばれます。記号では S′ (エスダッシュ)と表示されます。
　driving の「意味上の主語」は the man です。
　そして「意味上の主語＋準動詞」は「文」とはいいません。「構造上の主語＋述語動詞」だけを「文」と呼ぶのです。
　the man driving (運転している男)は「意味上の主語＋準動詞」なので「文」ではありません。
　以上の説明をまとめると次のようになります。

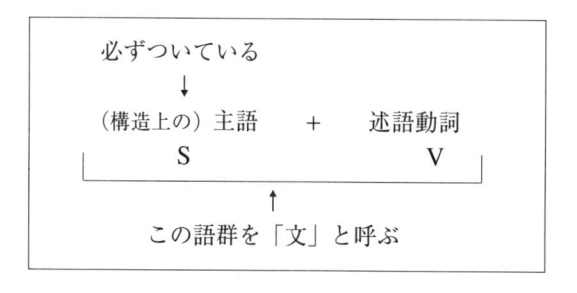

```
            必ずついている
                 ↓
        (構造上の) 主語   ＋   述語動詞
              S                V
                     ↑
            この語群を「文」と呼ぶ
```

121

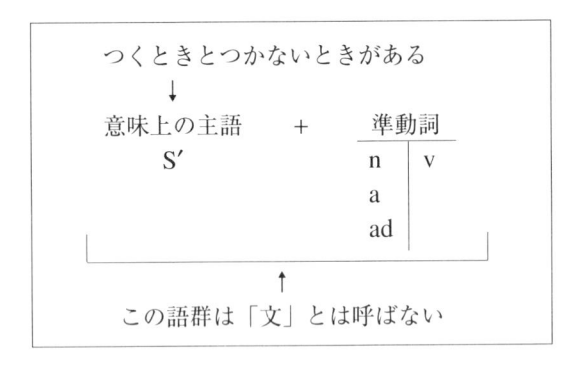

```
┌─────────────────────────────────────────┐
│    つくときとつかないときがある           │
│           ↓                             │
│    意味上の主語    ＋   準動詞           │
│        S'              n   v            │
│                        a                │
│                        ad               │
│    └─────────────┬─────────────┘        │
│                  ↑                      │
│    この語群は「文」とは呼ばない          │
└─────────────────────────────────────────┘
```

>> 6-2　ing 形の 4 つの可能性

　活用の最終形である ing 形の可能性(＝使い方)を勉強しましょう。ing 形については すでに 1 つの可能性を紹介しました。「進行形」です。これ以外に ing 形にはさらに 3 つの可能性があります(全部で 4 つの可能性です)。これを 1 つずつ検討しましょう。

現在分詞形容詞用法

　「the man driving that car の driving は、もはや純粋の形容詞に転化したのであって、動詞の働きはしていないのではないか?」という疑問を抱く人がいます。こういう人は次のように考えてください。

　原形の drive を使って drive that car という英語を見たら誰でも「drive は動詞で that car という名詞を伴っている」と考えます。この drive を現在形(＝drive)や過去形(＝drove)に変えても同じです。このように考えると driving that car は drive の活用を ing 形に変えただけですから、やはり「driving は動詞で that car という名詞を伴っている」のです。

　ただし、現在形(＝drive)や過去形(＝drove)が純粋に動詞の働きだけをしている(＝述語動詞になる)のに対して、driving は形容詞の働きも兼ねている(＝準動詞になる)点が違うだけです。

　このように ing 形が動詞と形容詞の一人二役をしているとき「現在分詞形容詞用法」と呼ばれます。

動名詞

もう1つ準動詞の実例を見てみましょう。

```
   ing形         現在形
Driving that car is difficult.
 S │ v   a  ,n   V    ªC
```

(あの車を運転するのは難しい)

今度のing形は動詞と名詞の一人二役をしています。このようなing形は「動名詞」と呼ばれます。Driving の名詞としての働きは「(構造上の)主語」です。Driving には「意味上の主語」はついていません(＝誰が運転するのかは明示されていません)。is は現在形＝述語動詞で(構造上の)主語は Driving です。動名詞は3人称単数の名詞として扱われるので、be 動詞・現在形は is を使うのです。

Driving の前・後を言うと次のようになります。

Driving の「前の品詞」→ 名詞
Driving の「前の働き」→ (構造上の)主語
Driving の「後の品詞」→ 動詞

分詞構文

さらにもう1つ、次の文はどうでしょう。

```
   ing形              過去形
Driving that car, he fell asleep.
 ad │ v   a  ,n   S  ,V    ªC
```

(その車を運転しているとき、彼は眠ってしまった)

今度のing形は動詞と副詞の一人二役をしています。このようなing形は「現在分詞の分詞構文」と呼ばれます。「現在分詞の分詞構文」は通常「現在分詞の」を省略して「分詞構文」と呼ばれます。

Driving の副詞としての働きは「動詞修飾」です。Driving の意味上の主語は he です。he は Driving の意味上の主語と fell の構造上の主語を兼ねています。

fell は fall の過去形です。fall の活用は [fall—fell—fallen] です。fall は「落下する」という意味もありますが、ここでは「～になる」という意味です(fell は「～になった」という意味です)。asleep は「眠っている」という意味の形容詞で、働き

Lesson 6

は補語です（= fell の助けを借りて、he の状態を間接的に説明しています）。
　Driving の前・後を言うと次のようになります。

　Driving の「前の品詞」 → 副詞
　Driving の「前の働き」 → 動詞修飾
　Driving の「後の品詞」 → 動詞

ing 形が述語動詞になるのは進行形の場合だけ

　動詞の ing 形が準動詞になる例を見てきました。それでは ing 形が述語動詞になることはないのでしょうか？　もちろんあります。それは進行形になる場合です。たとえば次のような場合です。

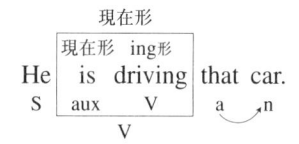

```
          現在形
     現在形  ing形
He   is   driving  that car.
 S   aux    V       a    n
        V
```

（彼はその車を運転している）

進行形不定詞は準動詞です

　ただし、「逆はまた真ならず」で、進行形なら必ず述語動詞になるというわけではありません。進行形が準動詞になることもあります。それは進行形の原形動詞（= be –ing）に to がついた場合（= to be –ing）です。この形は「進行形不定詞」と呼ばれます。具体的に言うと、to be driving です。to be driving は次のようになります。

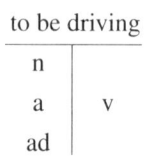

```
to be driving
    n  │
    a  │  v
    ad │
```

　進行形不定詞は後で不定詞のところで勉強することにします。とりあえずここでは「進行形の動詞は原則として述語動詞だが、例外的に準動詞になることもある」と理解しておいてください。
　さて、動詞の ing 形の可能性はこれで 4 つになりました。他にはありません。

これで全部です。そこで、これをまとめると次のようになります。

```
            ┌ 着物を着ている場合 → be -ing    進行形
            │                      ―――
            │                       V
動詞の ing 形 ┤
            │
            └ 裸の場合 ―――――――――→ -ing
                                    n │ v    動名詞
                                    a         現在分詞形容詞用法
                                    ad        分詞構文
```

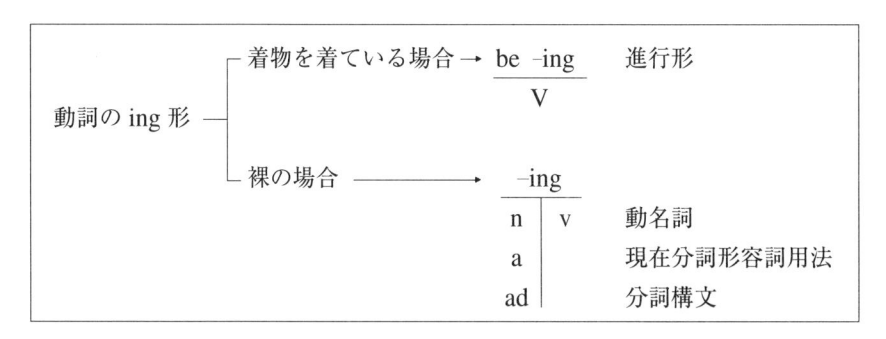

ところで、はなはだ煩雑なのですが、進行形と現在分詞形容詞用法と分詞構文になる ing 形のことを「現在分詞」と呼びます。そして、「動名詞は現在分詞とは別の独立した存在だ」ということに英文法ではなっています。すると次のようになります。

```
              ┌ 動名詞 ――― 常に裸
              │
動詞の ing 形 ┤          ┌ 着物を着ている場合 ― 進行形
              │          │
              └ 現在分詞 ┤
                         │                    ┌ 現在分詞形容詞用法
                         └ 裸の場合 ―――――――┤
                                              └ 分詞構文
```

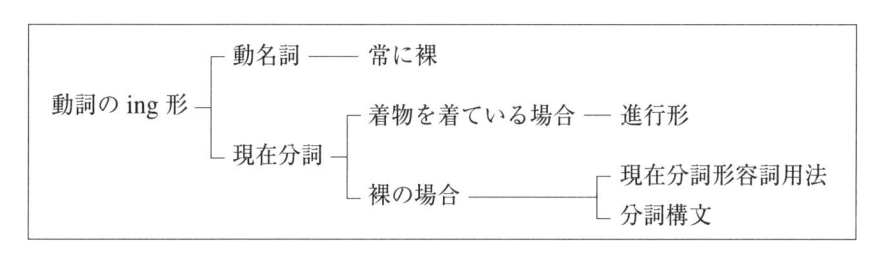

さて、この 2 つの表の内容を完全に身につけるために、Questions & Answers を作ってみました。これを何度も読み返して、暗記してください。

Q1 動詞の ing 形(以下、単に ing 形と呼びます)の可能性は？
A1 進行形・動名詞・現在分詞形容詞用法・分詞構文
Q2 裸の ing 形の可能性は？
A2 動名詞・現在分詞形容詞用法・分詞構文
　　進行形は裸ではありません (be 助動詞がついています)
Q3 着物を着ている ing 形の可能性は？
A3 進行形のみ
Q4 現在分詞の可能性は？
A4 進行形・現在分詞形容詞用法・分詞構文

Lesson 6

　動名詞は現在分詞ではありません。
Q5　裸の現在分詞の可能性は？
A5　現在分詞形容詞用法・分詞構文
Q6　裸の ing 形の「前の品詞」は？
A6　名詞・形容詞・副詞
Q7　ing 形で文を作るにはどうしたらいいか？
A7　進行形にすればいい。

　ing 形で文を作る(= ing 形を述語動詞にする)には be 助動詞をつけて進行形にする以外に方法はありません。ただし、進行形にすれば必ず文を作れる(= 必ず述語動詞になる)とは限りません(進行形不定詞の場合は準動詞ですから、文を作れません)。
Q8　裸の ing 形で文を作れるか？
A8　作れない

　裸の ing 形は必ず準動詞になるので、文は作れません。

　ing 形の枠組みが理解できたら、次はそれ(= その枠組み)を使いこなせるように練習しなければなりません。早速やってみましょう。

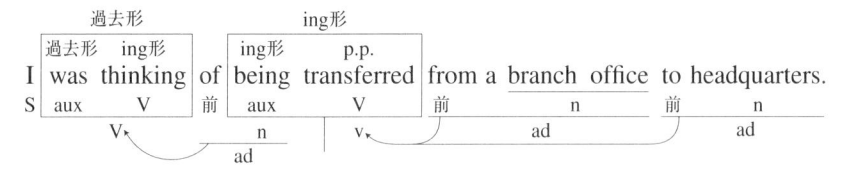

```
                過去形        ing形
        ┌過去形  ing形┐ ┌ing形      p.p.┐
     I  │was    thinking│ │being  transferred│ from a  branch  office  to  headquarters.
     S  │ aux     V    │ │ aux      V    │  前       n       前          n
        └─V───────n────┘ └─v─────────────┘     ad              ad
                  ad
```

(私は支社から本社へ異動になることについて考えていた)

皆さんはすでに基本的なことは勉強済みですから、簡潔に解説しましょう。
was：be 助動詞・過去形です。
thinking：動詞・ing 形で、使い方は進行形です。
was thinking：1つの動詞の過去形で、述語動詞です。
being：be 助動詞・ing 形です。
transferred：動詞・過去分詞形で、使い方は受身です。
being transferred：1つの動詞の ing 形で、使い方は動名詞です。
　being transferred は「裸の ing」ですから、必ず準動詞で、動名詞・現在分詞形容詞用法・分詞構文のどれか(間単に言えば名詞・形容詞・副詞のどれか)です。ここは動名詞で「前の働き(= 名詞としての働き)」は前置詞の目的語です。being trans-

ferred の「意味上の主語」は I です。being transferred を直訳すると「移されること」となります。

being p.p. は「裸の ing」です

　なお、「being は着物(= 助動詞)だから being transferred は着物を着ているのではないか?」と考える人がいます。これは間違いです。being という着物は transferred という過去分詞形が着ているのです。being transferred という ing 形動詞は着物(= be 助動詞)を着ていません(= 裸です)。もし着物を着たら be being transferred という形になります。これは「受身進行形」と呼ばれる形です。受身進行形の例文は p. 111 ですでに勉強しました。

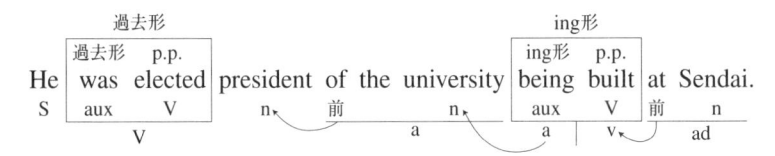

```
                    過去形                              ing形
         ┌過去形  p.p.┐                        ┌ing形  p.p.┐
He       │was   elected│ president of the university │being  built│ at Sendai.
S        │aux    V   │    n   前   n              │aux    V  │ 前   n
         └───V───┘    ─a───────a─                └────v────┘     ad
```

(彼は仙台に建設中の大学の学長に選ばれた)

　was：be 助動詞・過去形です。
　elected：動詞・過去分詞形で、使い方は受身です。
　was elected：1 つの動詞の過去形で、述語動詞です。
　being：be 助動詞・ing 形です。
　built：動詞・過去分詞形で、使い方は受身です。
　being built：1 つの動詞の ing 形で、使い方は現在分詞形容詞用法です。
　being built は「裸の ing」ですから、必ず準動詞で、動名詞・現在分詞形容詞用法・分詞構文のどれか(簡単に言えば名詞・形容詞・副詞のどれか)です。ここは現在分詞形容詞用法で「前の働き(形容詞としての働き)」は名詞修飾です。being built の「意味上の主語」は the university です。

　the university being built at Sendai を直訳すると「仙台に建設されつつある大学」となります。この部分は「意味上の主語 + 準動詞」ですから「文」ではありません。

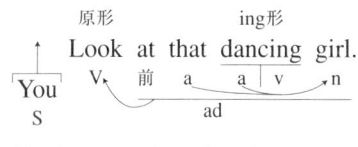

```
        原形        ing形
         ↑           ↑
    Look at that dancing girl.
You   V   前  a   a  v    n
 S              ad
```

(あの踊っている女の子を見ろ)

　この英文は命令文です。命令文の作り方は前に(= p. 062)勉強しました。「〜しろ」という肯定の命令文は、主語(= 構造上の主語)の You を省略し、動詞(= 述語動詞)に原形を置くのが作り方です。
　したがって、Look は原形で述語動詞です。Look の前に「構造上の主語」である You が省略されています。
　dancing は ing 形で、使い方は現在分詞形容詞用法です。dancing の「前の働き」は名詞修飾で、後ろにある girl を修飾しています。「前の働き」というのは「┬の記号の前の欄(= タテ棒の左)に書く働き」という意味で「前方にある語(= Look at that)に対する働き」という意味ではありません。したがって、「前の働き」が「後方にある語(= girl)に対する修飾」であってもなんら差し支えありません。dancing の「意味上の主語」は girl です。
　girl の働きは前置詞(= at)の目的語です。

現在分詞形容詞用法は補語にもなります

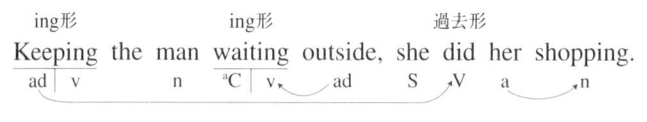

```
   ing形          ing形              過去形
  Keeping the man waiting outside, she did her shopping.
   ad  v    n    ªC  v    ad       S   V   a    n
```

(その男を外で待たせておいて、彼女は買い物をした)

　wait outside は「外で待つ」という意味で、構造は「v ad」です。waiting outside は、この wait を裸の ing にした形ですから、名詞(= 動名詞) / 形容詞(= 現在分詞形容詞用法) / 副詞(= 分詞構文)のどれでも使うことができます。たとえば、現在分詞形容詞用法で使って、名詞修飾の働きをさせると次のようになります。

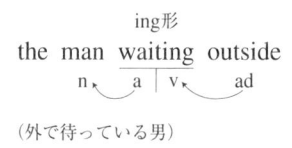

```
         ing形
 the man waiting outside
  n   a    v      ad
```

(外で待っている男)

ing 形

　keep には「keep 名詞 形容詞」で「名詞を形容詞の状態に保つ」という意味を表す使い方があります。たとえば次のような具合です。

　　　　　　現在形　原形
　　We　must　keep　this　room　clean.
　　S　　aux　　V　　a　　n　　　ᵃC

（私たちはこの部屋をきれいにしておかなければいけない）

　clean は「きれいな」という意味の形容詞で、this room の状態を説明しています。その際 keep という動詞の助けを借りて間接的に説明しているので、働きは補語です。もし、動詞の助けを借りずに直接的に this room の状態を説明する(=名詞修飾)なら this clean room（このきれいな部屋）になります。
　もう1つ見てみましょう。

　　　　　　　　　　現在形
　　A　refrigerator　keeps　food　fresh.　（冷蔵庫は食品を新鮮に保つ）
　　　　　S　　　　　　V　　　n　　ᵃC

　fresh が名詞修飾なら fresh food（新鮮な食品）になります。
　さて、この「keep 名詞 形容詞」という表現の形容詞の位置には、今の例で見たように純粋な形容詞（clean や fresh）が入るのはもちろんですが、現在分詞形容詞用法を入れることもできます。たとえば次のような具合です。

　　　　　　原形　　　　　　ing形
　　　　Keep　the　stove　burning.　（ストーブをたき続けておきなさい）
　You　　V　　　　n　　　ᵃC｜v
　S

　burning は burn（燃える）という動詞の裸の ing で、この文では「燃えている」という意味の現在分詞形容詞用法です。Keep の助けを借りて the stove の状態を間接的に説明しているので、働き(= 前の働き)は補語です。
　もう1つやってみましょう。

　　　　　過去形　　　　　　ing形
　　She　kept　the　man　waiting　outside.
　　S　　V　　　　n　　　ᵃC｜v　　　ad

Lesson 6

(彼女はその男を外で待たせておいた)

　waiting の働き(＝前の働き)を名詞修飾にして the man にかけると、「彼女は外で待っている男を保った」となります。これでは意味不明です。それに対して、waiting は「keep 名詞 形容詞(名詞を形容詞の状態に保つ)」の形容詞の位置に入っている(つまり、働きは補語である)と考えると、「彼女はその男を外で待っている状態に保った → 彼女はその男を外で待たせておいた」となって完全に意味が通ります。このように現在分詞形容詞用法は名詞修飾だけでなく、補語の働きをすることもあるのです。

　さて、今の文の kept は過去形＝述語動詞でした。これを裸の ing (＝準動詞)にすると次のようになります。

```
　ing形　　　　　　ing形
keeping  the man  waiting  outside
  n  │ v      n     ᵃC │ v＊    ad
  a
  ad
```

　keeping は裸の ing ですから、動名詞・現在分詞形容詞用法・分詞構文のどれでも使うことができます。たとえば動名詞で使うと次のようになります。

```
　　　過去形　　 ing形　　　　　ing形
She  objected  to  keeping  the man  waiting  outside.
 S      V＊    前   n │ v      n      ᵃC │ v＊    ad
                 ad
```

(彼女はその男を外で待たせておくことに反対した)

現在分詞形容詞用法で使うと次のようになります。

```
　　　　現在形　　　　　　　　　　　 ing形　　　　　　 ing形
What  is  the  name  of  the  woman  keeping  the  man  waiting  outside.
  n    V    S   前          n＊  a │ v    n     ᵃC │ v＊    ad
                       a
```

(その男を外で待たせている女の名前は何ですか)

分詞構文で使ったのが最初の例文です。

```
                ing形           ing形              過去形
          Keeping  the  man  waiting  outside,  she  did  her  shopping.
            ad │ v     n    ᵃC │ v     ad      S    V   a     n
```

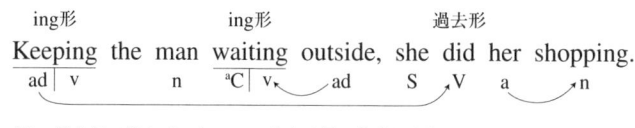

(その男を外で待たせておいて、彼女は買い物をした)

分詞構文が表す意味

　分詞構文は時(〜するとき)、理由(〜するので)、条件(〜すると)、譲歩(〜するが)、付帯状況(〜しながら)など様々な意味を表します。Keeping は「(その男を外で待た)せながら」という「付帯状況」の意味を表しています。Keeping の「前の品詞」は副詞で「前の働き」は動詞修飾(= did を修飾)です。

　shopping は shop (買い物をする)という動詞を動名詞にしたもの(買い物をすること)とも考えられます。しかし、do (〜をする)という動詞は後ろに動名詞を置く使い方(=「do －ing」で、意味は「―することをする」)はありません(= 辞書にこの使い方が出ていません)。それに対して、後ろに純粋な名詞を置く使い方(=「do 名詞」で、意味は「名詞をする」)はあります(= 辞書にこの使い方が出ています)。たとえば「do research (研究をする)」といった具合です。

　したがって、shopping は、動名詞でなく「買い物」という意味の純粋な名詞と考えてください。辞書にも「shopping ｎ 買物」というように表示されています。

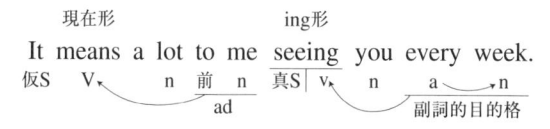

```
           現在形                 ing形
          It  means  a  lot  to  me  seeing  you  every  week.
          仮S   V    n  前   n    真S │ v    n     a      n
                         ad                     副詞的目的格
```

(あなたに毎週会うことは私には大きな意味があります)

　この英文の seeing は動名詞で、seeing you every week は「あなたに毎週会うこと」という意味です。every week は副詞的目的格(= 名詞が前置詞なしで副詞の働きをする現象 cf. p. 057)で seeing を修飾しています。

仮主語、真主語

　さて、動名詞は名詞の働きをしますから主語になれます。すると、たとえば次のような文を作れます。

Lesson 6

```
       ing形                現在形
   Seeing you every week  means a lot to me.
   S │ v   n  ╱副詞的目的格  V    n  ╱ ad
```

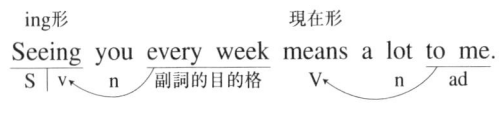

(あなたに毎週会うことは私に対して多くのことを意味する)

もちろんこの英文は正しいのですが、主語とそれに付属する語(= Seeing you every week)が長くて、このままだと頭でっかちです。そこで、とりあえず仮に It という主語をたて、本当の主語である Seeing とそれに付属する語(= Seeing you every week)は後ろに回します。すると最初の例文の形になります。このような場合は、It の働きを「仮主語」といい(形式主語ともいいます)、Seeing の「前の働き」を「真主語」といいます。

≫ 6–3　having p.p.

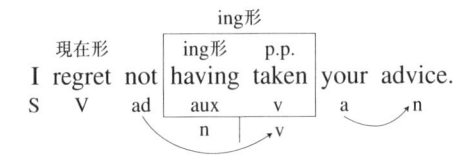

```
                ing形
         現在形  ┌ing形   p.p.┐
   I regret not │having taken│ your advice.
   S   V    ad  │ aux    v  │   a     n
                └   n      v┘
```

(私はあなたの忠告を入れなかったことを後悔している)

having p.p. の捉え方

完了形(= have p.p.)の扱い方は have と p.p. を分けて、have は助動詞、p.p. は動詞とするのが原則です。これは辞書でも学校文法でも同じです(本書でもこれまでずっとそうしてきました)。ところが、have 助動詞が ing 形になると(= having p.p. になると)、学校文法では having と p.p. を分けずに、having p.p. の全体を1つの動詞の ing 形と捉えるのです。つまり次の外枠のように捉えるわけです。

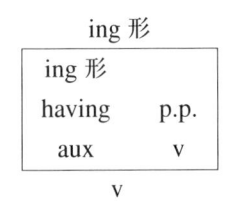

```
            ing 形
       ┌─────────────┐
       │ ing 形         │
       │ having    p.p. │
       │ aux       v    │
       └─────────────┘
              v
```

ing 形の動詞の可能性(= 使い方の可能性)は進行形・動名詞・現在分詞形容詞用法・分詞構文の 4 つです。しかし、having p.p. という ing 形の動詞は進行形にはなりません(他の 3 つにはなります)。したがって、having p.p. は常に準動詞で、次のようになります。

having p.p.		
n	v	完了動名詞
a		完了現在分詞形容詞用法
ad		完了分詞構文

上の表のように、having p.p. の名称は動名詞、現在分詞形容詞用法、分詞構文の頭に「完了」の 2 文字を冠することになっています。この 3 つのうち、完了現在分詞形容詞用法は稀で、完了動名詞か完了分詞構文のどちらかになるのが原則です。したがって「having p.p. は原則として名詞か副詞の働きをする」と言うことができます。

having p.p. が表す意味

次に having p.p. が表す意味を考えてみましょう。having p.p. は、学校文法では全体を 1 つの動詞の ing 形として扱います。しかしそれは、そうするといろいろ好都合なことがあるからで、本当は having は完了を表す have 助動詞の ing 形なのです。さればこそ、名称にも「完了」の 2 文字が冠せられているのです。ところが、having p.p. は必ずしも完了の意味(= ～してしまった)を表すわけではありません。いや、むしろ、完了の意味は特に表していないことのほうが多いのです。それでは、having p.p. はどんな意味を表すのでしょうか。

今説明したように、having p.p. は必ず準動詞です。ということは「文中で having p.p. が使われているときは、他に述語動詞になる動詞が必ずある」ということです。having p.p. は、その述語動詞(= having p.p. が使われている文の述語動詞)が表している「時」よりも時間的に前に行われた(= 時間的に古い)行為ないし状態を表すのです。

たとえば、having p.p. が使われている文の述語動詞が現在形だとしたら、having p.p. は過去の行為・状態を表します。また、述語動詞が過去形だとしたら、having p.p. は、過去のそのまた過去に行われた行為・状態を表すのです。これは

Lesson 6

具体的に考えたほうがわかりやすいので、さきほどの例文を検討することにしましょう。

動名詞を否定する not は直前に置きます

　having taken はこれ全体が完了動名詞で「受け入れたこと」という意味を表します。前についている not は having taken を否定する副詞です。「<u>動名詞を否定する not は動名詞の直前に置く</u>」というルールがあるので、not having taken という語順になるのです。これを having not taken としたら誤りです。not having taken で「受け入れなかったこと」という意味になります。述語動詞の regret (後悔する)は現在形です。

　したがって、not having taken は現在(= regret が表している時)よりも時間的に前(つまり過去)に行われた(この場合は not がついているので、行われなかった)行為を表しています。

　完了形だからといって「受け入れてしまわなかった」という完了の意味を表しているわけではありません。「受け入れなかった」という、過去において行われなかった行為を単純に表しているだけです。

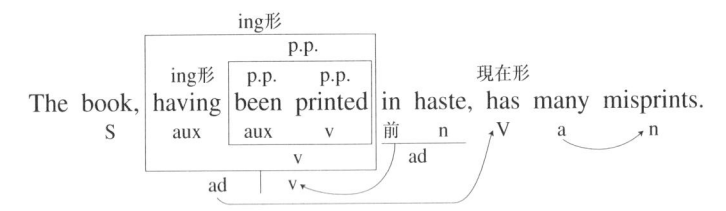

```
                    ing形
                ┌─────────────┐
                │       p.p.  │
                │ ing形 ┌────────┐│         現在形
The book, │having│been printed││ in haste,  has  many  misprints.
  S         │ aux  │ aux   v   ││  前   n    ↑V    a    ↗n
            └──────┴───────────┘│  └────ad────┘
                     v
                   └──ad──┴──v──┘
```

(その本は、急いで印刷されたので、たくさんの誤植がある)

printed：動詞・過去分詞形で使い方は受身です。
been：be 助動詞・過去分詞形です。
been printed：1つの動詞の過去分詞形で、使い方は完了です。
having：have 助動詞・ing 形です。
having been printed：1つの動詞の ing 形で、使い方は分詞構文です。
　having been printed は完了分詞構文で「前の品詞」は副詞、「前の働き」は動詞修飾(= has を修飾している)です。表している意味は「理由」で、「印刷されたので」という意味です。
　having been printed は完了形ですが「印刷されてしまったので」という完了の

ing 形

意味を表しているわけではありません。「印刷されたので」という過去(= 述語動詞の has が表している「現在」よりも時間的に前)に起こったことを単純に表しているだけです。次の Questions & Answers で having been printed の捉え方を練習してください。

Q1　この英文の準動詞は？
A1　having been printed
Q2　having been printed の活用と使い方は？
A2　ing 形で分詞構文
Q3　been printed の品詞と活用は？
A3　動詞で過去分詞形
Q4　been printed の使い方は？
A4　完了
Q5　printed の品詞と活用は？
A5　動詞で過去分詞形
Q6　printed の使い方は？
A6　受身
Q7　having の品詞と活用は？
A7　助動詞で ing 形
Q8　been の品詞と活用は？
A8　助動詞で過去分詞形

【問7】　動詞と助動詞を指摘し、それの活用を言いなさい。
　その際、辞書の捉え方と学校文法の捉え方が違う場合は、両方の捉え方で活用を指摘しなさい。
　さらに、述語動詞と準動詞を指摘し、準動詞は「前の品詞」を記入しなさい。
　また、「前の働き」が主語、補語、修飾の場合には、それを記号で記入しなさい。

1.　Evanston is one of the fast growing satellite cities surrounding Chicago.

2.　Our job was weeding the garden.

3.　Sitting here in the sun, I still feel myself shivering with cold.

4.　What is it like being married?

Lesson 6

5. It depends on the voltage being produced.

6. He bought it secondhand, being of an economical turn of mind.

7. She can't stand being kept waiting so long.

8. I must apologize for not having written to you for such a long time.

9. Having been caught in a traffic jam on my way, I was late for school.

10. Bill is annoyed at not having been included in the tennis team.

>> 解答・解説

　　　　　　　　　現在形　　　　　　　ing形　　　　　　　　ing形
1. **Evanston is one of the fast growing satellite cities surrounding Chicago.**
　　　S　　V　n　前　　ad　a　v　　　　n　　　　a　v　　　n
　　　　　　　　　　　　　　　a

（エバンストンはシカゴをとりまく急成長しつつある衛星都市の1つである）

　grow は「成長する」、surround は「～を取り囲む」という意味の動詞です。growing と surrounding はどちらも現在分詞形容詞用法で satellite cities を修飾しています。

|1の設問の答|

is：動詞、現在形、述語動詞
growing：動詞、ing 形、準動詞、前の品詞は形容詞、前の働きは名詞修飾
surrounding：動詞、ing 形、準動詞、前の品詞は形容詞、前の働きは名詞修飾

「S be -ing」は進行形とは限らない

　　　　　　　　過去形　　ing形
2. **Our job was weeding the garden.**
　　　a　　S　　V　　ⁿC　v　　　　n

（我々の仕事は庭の草取りだった）

　weed は名詞だと「雑草」という意味ですが、動詞だと「草取りをする」という意味です。ところで、この文は表面的には進行形そっくりです。そこで、これを進行形にすると「我々の仕事は庭の草取りをしつつあった」という意味になります。しかし、草取りをするのは人間(ないしは機械)であって、仕事が草を取るわけ

136

ではありません。したがって、進行形にすると意味が通らないのです。この weeding は動名詞で、weeding the garden は「庭の草取りをすること」という意味です。これ(= weeding the garden)を「Our job was 〜（我々の仕事は〜だった）」の〜の位置に置いたのです。したがって was は助動詞ではなく、動詞(= be 動詞)の過去形なのです。

　be 動詞を「〜である」という意味で使ったとき、〜の位置には名詞か形容詞を置き、この名詞、形容詞の働きは「補語」と呼ばれます(cf. p.035)。そこで、weeding の「前の品詞」は名詞で「前の働き」は補語です。

　くどいですが、この weeding は「裸の ing」なのです。なぜなら、直前の was は着物(= 助動詞)ではないからです。

|2 の設問の答|
was：動詞、過去形、述語動詞
weeding：動詞、ing 形、準動詞、前の品詞は名詞、前の働きは補語

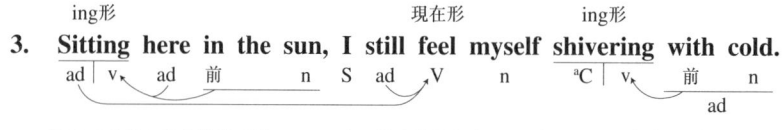

　　　　　　　ing形　　　　　　　　　　　現在形　　　　ing形
3. **Sitting here in the sun, I still feel myself shivering with cold.**
　　　　ad｜v｜ad　前　　n　S　ad　V　n　ᵃC｜v｜前　　n
　　　　　　　　　　　　　　　　　　　　　　　　　　　　　　ad

（ここで太陽の光を浴びて座っていても、私は体が寒くてふるえているのを感じる）

　sitting は「(ここで太陽の光を浴びて)座っているけれども」という「譲歩」の意味を表す分詞構文です。

　feel には「feel 名詞 −ing」で「名詞が−しているのを感じる」という意味を表す使い方があります。この場合の ing 形は現在分詞形容詞用法で、「前の働き」は補語です (feel の助けを借りて、間接的に名詞の状態を説明しているからです)。

　問題文はこの形で、名詞のところに myself（私自身）を置き、−ing のところに shivering を置いたのです。shiver は「ふるえる」という意味ですから、feel myself shivering で「自分自身がふるえているのを感じる」という意味になります。

　still はここでは「それでも、それにもかかわらず」という意味の副詞です。

|3 の設問の答|
sitting：動詞、ing 形、準動詞、前の品詞は副詞、前の働きは動詞修飾
feel：動詞、現在形、述語動詞
shivering：動詞、ing 形、準動詞、前の品詞は形容詞、前の働きは補語

Lesson 6

前置詞の like は「〜のような」という意味を表します

      ｜ 現在形 ｜ ing形
4. What is it like being married?
    n V 仮S 前 真S｜v ᵃC
         ᵃC

(結婚しているということはどんなことですか?)

前置詞の like は「〜のような」という意味です。そこで、これを使って次のような英語を作れます。

a woman like an angel (天使のような女性)
n   前   n
     a

次の英文では like an angel は補語で使われています(= is の助けを借りて woman の状態を説明しています)。

     現在形
The woman is like an angel.
  S V 前 n
       ᵃC

(その女性は天使のようだ)

さて、この文で an angel の位置にどんな名詞を置いたらいいかわからないとき(=その女性がどんな人かわからないとき)は an angel の代わりに、疑問代名詞の what を置きます。すると次のようになります。

     現在形
(誤) The woman is like what.
   S V 前 n
       ᵃC

(その女性はどんなようか → その女性はどんな人ですか?)

しかし、これでは正しい疑問文ではありません。これを正しい疑問文にするには次の3つの操作を行います。
 1. 疑問詞を文頭に出す。
 2. be 動詞を主語の前に置く。

3. 文末に？をつける。

すると次のようになります。

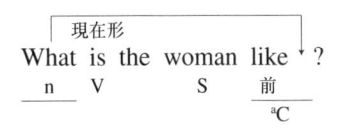

```
      ┌─現在形─┐
What  is  the  woman  like ？
 n    V        S      前
                       ᵃC
```

(その女性はどんな人ですか？)

さて、この the woman の代わりに it を主語にしたのが問題文の what is it like の部分なのです。したがって、この部分は「それはどんなことですか？」という意味になります。

ところで、この it は正式な主語ではなく仮主語なのです。真主語は being です。being は動名詞で「前の働き」は真主語です。そこで今度は、この being を検討しましょう。

married はもともとは marry (結婚する) という動詞の過去分詞形です。しかし、今ではどの辞書にも「結婚している」という意味の純粋な形容詞として載っています。そこで、この married を使って次のような英文を作れます。

```
 現在形
He  is  married  with  two  children.
 S   V    ᵃC      前    a    n
                        ad
```

(彼は結婚していて2人の子供がいる)

この文から主語の He を取り、is を ing 形に変えると次のようになります。

```
 ing形
being  married  with  two  children
 n       v       ᵃC         ad
 a
 ad
```

being は裸の ing ですから、動名詞・現在分詞形容詞用法・分詞構文のどれかです。married は動詞(= being)の助けを借りて名詞の状態を説明する位置にありますから働きは補語です。ただ、この状態(= being married という状態)では married が説明する名詞は明示されていません。もし、前に a man を置けば「married は

Lesson 6

being の助けを借りて a man の状態を説明しているので補語です」となります。

```
              ing形
   a  man  being  married  with  two  children
      n    a   v    ᵃC            ad
```

（結婚していて、2人の子供がいる男）

　さて、この being married の being を動名詞にして、真主語として使ったのが問題文なのです。そこで、it のところに being married（結婚していること）を入れると、全体の意味は「結婚していることはどんなことですか？」となります。

4 の設問の答
is：動詞、現在形、述語動詞
being：動詞、ing 形、準動詞、前の品詞は名詞、前の働きは真主語

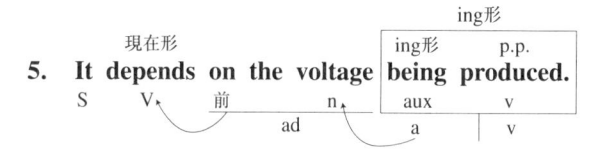

```
                                        ing形
               現在形              ing形     p.p.
    5.  It  depends  on  the  voltage  being  produced.
        S      V     前         n      aux      v
                          ad            a    |  v
```

（それは発電中の電圧による）

　「depend on ～」は「～に依存している、～によって決まる」という意味です。したがって It depends on the voltage は「それは電圧に依存している → それは電圧がどれくらいかによって決まる」という意味です。

　being produced はこれ全体が 1 つの動詞で「裸の ing」です。being を着物と見て「着物を着ている ing」だと考える人がいますが、誤りです。being という着物を着ているのは produced という過去分詞形の動詞です。being produced は前に着物（= be 助動詞）がないので裸なのです。ちなみに being produced に着物を着せると次のようになります。

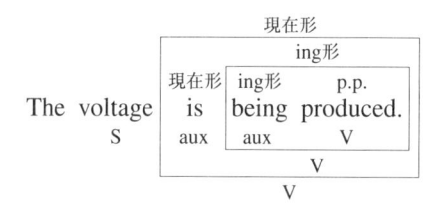

```
                       現在形
                            ing形
                現在形   ing形      p.p.
    The  voltage   is   being  produced.
         S        aux    aux       V
                              V
                         V
```

ing 形

(電圧が生み出されつつある)

さて、問題文の being produced は裸の ing なので、動名詞・現在分詞形容詞用法・分詞構文のどれかです。ここでは、現在分詞形容詞用法で the voltage を修飾しています。the voltage being produced で「生み出されつつある電圧」という意味です。

being p.p. が後ろから名詞を修飾する形
　このように being p.p. が後ろから名詞を修飾しているときは「〜されつつある名詞」という「進行中」の意味を表します。この形は前に the university being built at Sendai (仙台に建設されつつある大学)という表現で勉強しました(p. 127)。
5 の設問の答
depends：動詞、現在形、述語動詞
being：助動詞、ing 形
produced：動詞、過去分詞形、使い方は受身
being produced：動詞、ing 形、準動詞、前の品詞は形容詞、前の働きは名詞修飾

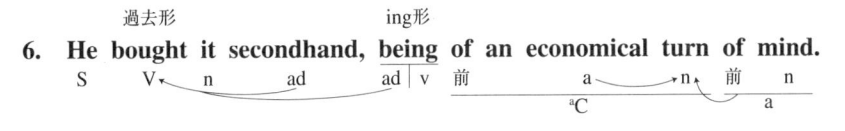

　　　　　　過去形　　　　　　　　　ing形
6. He bought it secondhand, being of an economical turn of mind.
　　S　V　n　ad　　ad v 前　　　　a　　n　前　n
　　　　　　　　　　　　　　　　　　ᵃC　　　　a

(彼は、つつましい性格なので、それを中古で買った)

　buy (買う)という動詞は [buy—bought—bought] という不規則活用です。問題文の bought を過去分詞形にすると、裸なので必ず準動詞になります。もう 1 つの動詞(= being)は裸の ing で、必ず準動詞ですから、これでは(= bought を過去分詞形にすると)述語動詞がないことになり、文ではなくなってしまいます。したがって、問題文の bought は過去形(= 述語動詞)です。
　of は p. 064 で勉強した「〜を持っている、帯びている」という意味の前置です。この文の turn は名詞で「生来の傾向、性格、気質」という意味です。この意味の turn はしばしば of mind (頭の)という形容詞句を伴います。economical は「倹約な、つつましい」という意味です。したがって、of an economical turn of mind で「倹約な気質を持っている」という意味になります。これを使えば、たとえば次のような文を作れます。

Lesson 6

　　　　現在形
He is of an economical turn of mind.
S　V　　　ᵃC　　　　　　a

（彼は倹約な気質を持っている → 彼はつつましい性格だ）

　この文の is を「裸の ing」にして、分詞構文として使ったのが、問題文の be-ing of an economical turn of mind です。この分詞構文が表す意味は「理由」です。

[6 の設問の答]
bought：動詞、過去形、述語動詞
being：動詞、ing 形、準動詞、前の品詞は副詞、前の働きは動詞修飾

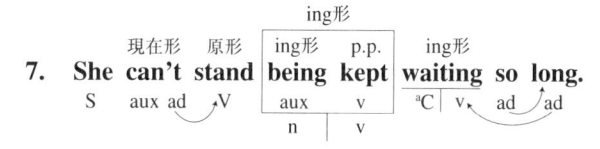

　　　　　　　　　　　　　ing形
　　　　現在形　原形　ing形　p.p.　ing形
7.　She can't stand being kept waiting so long.
　　S　aux ad　V　　aux　v　　ᵃC　v　ad　ad
　　　　　　　　　　　n　｜　v

（彼女はそんなに長く待たされることに耐えられない）

p. 129 で次の形を勉強しました。

keep the man waiting so long
　V　　n　　ᵃC｜v　ad　ad

（その男をそんなに長く待たせておく）

これを受身にすると次のようになります。

　　　　現在形
　　　現在形 p.p.　ing形
The man is kept waiting so long.
　S　aux　V　　ᵃC｜v　ad　ad
　　　　V

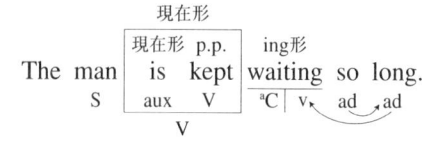

（その男はそんなに長く待たされている）

この文の is kept (＝現在形) を裸の ing にすると次のようになります。

142

```
         ing形
   ing形   p.p.  ing形
  being   kept  waiting so long
   aux     v     ᵃC │ v   ad   ad
     n     │
     a     v
     ad
```

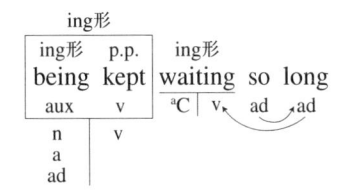

　これを動名詞にして stand の後に置いたのが、問題文です。
　stand は「stand 名詞」で「名詞を我慢する、名詞に耐える」という意味を表す使い方があります。たとえば stand the heat (暑さに耐える)のような具合です。そこで、stand being kept waiting so long は「そんなに長く待たされることに耐える」という意味になります。この英文について次の Q&A を検討してください。

Q1　この文の述語動詞は？
A1　stand
Q2　なぜ述語動詞と言えるのか？
A2　現在形の助動詞がついているから
Q3　この文の準動詞は？
A3　being kept と waiting
Q4　なぜ準動詞と言えるのか？
A4　裸の ing だから
Q5　裸の ing の可能性は？
A5　動名詞・現在分詞形容詞用法・分詞構文
Q6　being kept はそのうちのどれか？
A6　動名詞
Q7　waiting はそのうちのどれか？
A7　現在分詞形容詞用法
Q8　現在分詞形容詞用法の「前の働き」は？
A8　名詞修飾・補語
Q9　waiting はそのうちのどれか？
A9　補語
Q10　kept は何形か？
A10　過去分詞形
Q11　過去分詞形の可能性は？

Lesson 6

A11 　受身・完了・過去分詞形容詞用法・分詞構文
Q12 　kept はそのうちのどれか？
A12 　受身

> 7 の設問の答

can：助動詞、現在形
stand：動詞、原形、述語動詞
being：助動詞、ing 形
kept：動詞、過去分詞形、使い方は受身
being kept：動詞、ing 形、準動詞、前の品詞は名詞、前の働きはまだ勉強していません。
waiting：動詞、ing 形、準動詞、前の品詞は形容詞、前の働きは補語

準動詞を否定する not は準動詞の直前に置きます

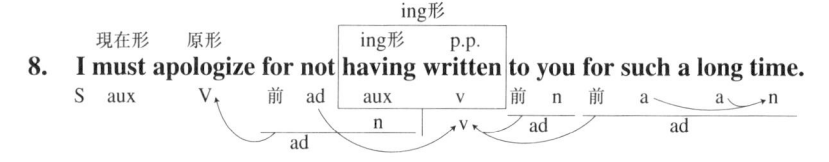

8.　I must apologize for not having written to you for such a long time.

（こんなに長い間あなたにお手紙を差し上げなかったことをお詫びしなければなりません）

　　having written はこれ全体が 1 つの ing 形の動詞で、ここでは動名詞として使われています(完了動名詞です)。
　　having written の「前の働き」は前置詞の目的語です。ところで、having written の否定形は having not written ではなくて、not having written です。これは、「準動詞を否定する not は準動詞の直前に置く」というルールがあるからです。
　　not having written は通常は「(過去の一時点、一期間において)書かなかったこと」という意味で、must apologize が表している「時(=現在)」より時間的に前(=過去)の一時点ないし一期間の行為(この場合は不作為)を表します。たとえば、次のような具合です。

I must apologize for not having written to you the next day.

(あの翌日あなたに手紙を書かなかったことをお詫びしなければなりません)

　しかし、この文では for such a long time（こんなに長い間）という期間を表す副詞句がついています。そこで、この文の not having written は、完了形が表す「完了・結果・経験・継続」の意味の中の「継続」の意味(= 大分前から今日まで書かないできた)を表しています。

　「write to 人」は「人に手紙を書く」という意味です。それから、くどいですが、学校文法では「for の目的語は？」と問われたら「having written です」と答えなければなりません。

8 の設問の答

must： 助動詞、現在形
apologize： 動詞、原形、述語動詞
having： 助動詞：ing 形
written： 動詞、過去分詞形、使い方は完了
having written： 動詞、ing 形、準動詞、前の品詞は名詞、前の働きは前置詞の目的語

9. **Having been caught** in a traffic jam on my way, I was late for school.

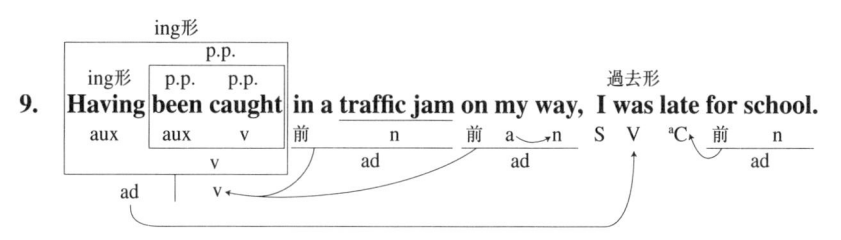

(途中で交通渋滞に巻き込まれたせいで、私は学校に遅刻した)

　Having been caught は 1 つの動詞の ing 形で、使い方は分詞構文(= 完了分詞構文)です。この分詞構文の意味は「理由」です。分詞構文が完了形(= 完了分詞構文)なのは、交通渋滞に巻き込まれたのが、学校に遅刻したのより時間的に前だからです。on my way は「途中で」という意味の副詞句です。

9 の設問の答

Having： 助動詞、ing 形
been： 助動詞、過去分詞形
caught： 動詞、過去分詞形、使い方は受身
been caught： 動詞、過去分詞形、使い方は完了
Having been caught： 動詞、ing 形、準動詞、前の品詞は副詞、前の働きは動詞

Lesson 6

修飾

was：動詞、過去形、述語動詞

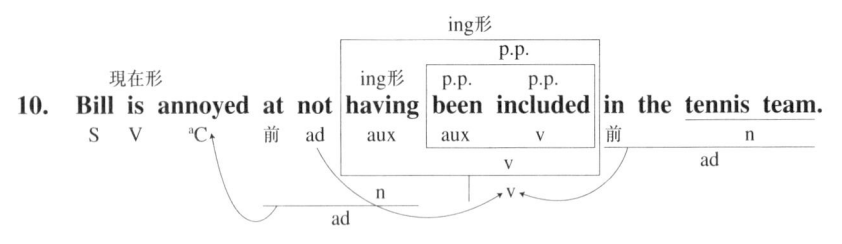

```
                                    ing形
                                ┌─────────────────┐
                                │       p.p.      │
                      現在形    │ ing形  p.p. p.p.│
10.   Bill  is  annoyed  at  not │having been included│ in  the  tennis  team.
       S    V     ᵃC↑     前  ad │ aux   aux   v   │  前        n
                       │         └─────────────────┘            ad
                       │                  v
                       └──────────n───────┘  ↓v↲
                                  ad
```

（ビルはテニスのチームに入れてもらえなかったことに腹を立てている）

　annoy は「悩ます、イライラさせる、むっとさせる」という意味の規則活用の動詞です。したがって is annoyed を「be 助動詞・現在形＋動詞・過去分詞形」と捉えて受身形であると考えることもできます。意味は「むっとさせられている → むっとしている」です。しかし、辞書を見ると次のようにも書いてあります。

　annoyed 形　いらだって、むっとして、腹を立てて

　そこで、is annoyed を「be 動詞・現在形＋形容詞」と捉えることもできます。意味は「むっとしている」です。
　こういうときは、どちらでもよいのです。本書では辞書に形容詞と出ているときは、それに従うことにします。
　included は include（含める、入れる）の過去分詞形で、使い方は受身です。having been included は 1 つの動詞の ing 形で、使い方は動名詞（＝完了動名詞）です。準動詞を否定する not は、準動詞の直前に置くので not having been included という語順になります。not having been included は述語動詞（＝is）が表している「時（＝現在）」より時間的に前（＝過去）の一時点ないし一期間の行為（この場合は「入れてもらえなかった」という受身の行為）を表しています。

|10 の設問の答|

is：動詞、現在形、述語動詞
having：助動詞、ing 形
been：助動詞、過去分詞形
included：動詞、過去分詞形、使い方は受身

been included：動詞、過去分詞形、使い方は完了
having been included：動詞、ing 形、準動詞、前の品詞は名詞、前の働きは前置詞の目的語

Lesson **7**
過去分詞形

Lesson 7

≫ 7-1　過去分詞形の4つの可能性

　今度は過去分詞形の可能性(=使い方)について勉強しましょう。過去分詞形については すでに2つの可能性を紹介しました。「受身」と「完了」です。これ以外に 過去分詞形にはさらに2つの可能性があります(全部で4つの可能性です)。それを表 にまとめると次のようになります。

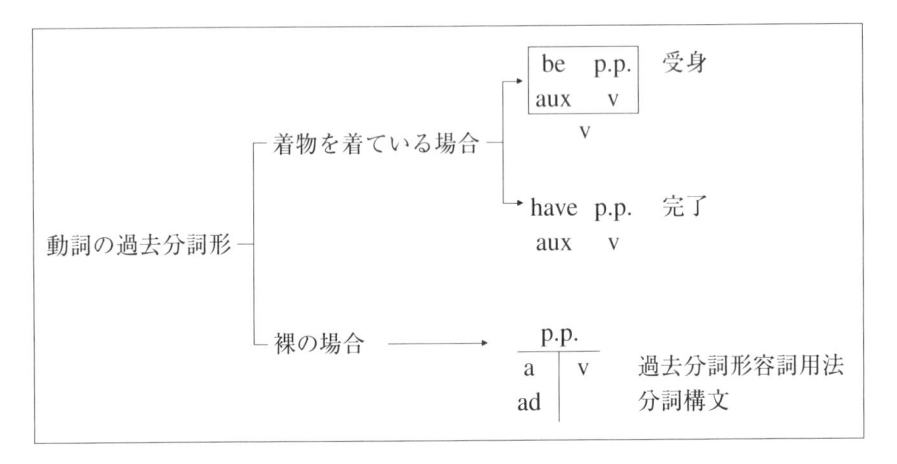

```
                              ┌─ be   p.p.   受身
                              │  aux    v
               ┌─ 着物を着ている場合 ┤      v
               │              │
動詞の過去分詞形 ─┤              └─ have  p.p.  完了
               │                 aux    v
               │
               └─ 裸の場合 ─────────→  p.p.
                                     ───────  過去分詞形容詞用法
                                     a │ v    分詞構文
                                     ad│
```

　過去分詞形につく助動詞は be と have だけです。「be + p.p.」が受身、「have + p.p.」が完了です。受身と完了で使われた過去分詞は述語動詞になる場合もあれ ば、準動詞になる場合もあります(準動詞になる場合は p. 126 と p. 132 の例文を見て ください)。

「裸の p.p.」は形容詞か副詞として働く

　be 助動詞も have 助動詞もついていない過去分詞を「裸の過去分詞(=裸の p.p.)」 と呼びます。裸の p.p. は必ず準動詞になります。

　準動詞は動詞が、動詞以外に名詞・形容詞・副詞の働きをする現象です。しか し、「裸の p.p.」は動詞と名詞の一人二役はやりません(=「過去分詞名詞用法」とい うのは存在しません)。「裸の p.p.」は動詞と形容詞の一人二役(これを「過去分詞形容 詞用法」といいます)か、動詞と副詞の一人二役(これを「過去分詞の分詞構文」といい ます)のどちらかです。「過去分詞の分詞構文」は通常「過去分詞の」を省略して 「分詞構文」と呼ばれます。要するに「裸の p.p. は形容詞か副詞として働く」の です。

「裸の p.p.」は原則として受身の意味を表す

　それから、表には書いてありませんが、裸の p.p. は原則として受身の意味(=〜される、〜された)を表します。裸の p.p. には be 助動詞がついていないので、受身形の動詞(= be + p.p.)ではありません。しかし、表している意味は受身形の動詞と同じなのです。
　次の 2 つを比べてください。

　　　　　　　過去形
　The man was given a book.　(その男は本を与えられた)
　　S　　　　　V　　　　n

　　　　　　　p.p.
　the man given a book　(本を与えられた男)
　　　　　　a｜v　　n

　上の was given a book と下の given a book は同じ意味(= 本を与えられた)を表しています。ただ、この 2 つには重大な違いがあります。それは was given が述語動詞である(過去形だからです)のに対して、given は準動詞である(裸の p.p. だからです)という違いです。
　さらに次の 2 つを比べてください。

　　過去形
　charged ten dollars　(10 ドルを請求した)
　　V　　　a　　 n

　　過去分詞形
　charged ten dollars　(10 ドルを請求される、された)
　　a　　v　　a　　n
　　ad

　charge (請求する)は規則活用ですから、charged は過去形と過去分詞形の両方の可能性があります。もし過去形だと絶対に述語動詞で「請求した」という意味を表します(上です)。もし過去分詞形で裸だと絶対に準動詞で「請求される、された」という意味を表します(下です)。

Lesson 7

「過去形」と「裸のp.p.」の識別には「動詞の働き」の理解が必要

　charged ten dollars がこのどちらであるかは前後にどういう語がくるかによって決まります。たとえば、文中に charged 以外の動詞がなければ、charged は述語動詞ですから、過去形です。しかし、charged 以外に動詞があって、その動詞が述語動詞になる可能性があるなら、charged は準動詞であってもよいので、過去分詞形かもしれません。この場合(= charged 以外に動詞がある場合)の判断枠組みは「動詞の働き」を勉強しなければわかりません。現時点では「動詞の働き」は全く勉強していませんから、この charged が過去形か過去分詞形かを文法的アプローチによって確定させることはできません。皆さんは当面「意味」から推測することで満足してください。皆さんの勉強が進んで、やがて『英語リーディング教本』か『英語リーディングの秘密』で「動詞の働き」を勉強するようになれば、この文法的アプローチもちゃんとできるようになります。

「裸のp.p.」は完了の意味を表す場合もあります

　なお、裸のp.p.は例外的に完了の意味(=〜してしまった)を表すことがあります。これはごく限られた特定の動詞の「裸のp.p.」の場合ですから、当面は考慮しなくてかまいません。どういう動詞(の裸のp.p.)が受身の意味を表し、どういう動詞(の裸のp.p.)が完了の意味を表すか、ということはやはり「動詞の働き」を勉強しないとわかりません。

　それでは今説明したことを、ing形の場合と同じように、Q&Aで確認しましょう。

Q1　動詞の過去分詞形(以下たんにp.p.と呼びます)の可能性は？
A1　受身・完了・過去分詞形容詞用法・分詞構文
Q2　裸のp.p.の可能性は？
A2　過去分詞形容詞用法・分詞構文
Q3　着物を着ているp.p.の可能性は？
A3　受身・完了
Q4　裸のp.p.の「前の品詞」は？
A4　形容詞・副詞
Q5　p.p.で文を作るにはどうしたらよいか？
A5　受身か完了にすればよい。

　p.p.で文を作る(= p.p.を述語動詞にする)にはbe助動詞をつけて受身にするか、

過去分詞形

have 助動詞をつけて完了にする以外に方法はありません。ただし、受身や完了にすれば必ず文を作れる(=必ず述語動詞になる)とは限りません。

Q6　裸の p.p. で文を作れるか？
A6　作れない。
　　裸の p.p. は必ず準動詞になるので、文は作れません。
Q7　裸の p.p. が表す意味は？
A7　原則として受身の意味を表すが、例外的に完了の意味を表すこともある。

　7つの Questions に対して、正しく答えられるように Answers を暗記してください。
　それでは次に「過去分詞の枠組み」を使って英文を認識する練習をしましょう。

　　　　　　現在形　　　　　　p.p.
　What　is　the　language　spoken　in　Brazil?
　　n　　V　　　　S　　　　a ｜ v　　ad

（ブラジルで話されている言葉は何ですか？）

　speak（話す）の活用は[speak—spoke—spoken]ですから、spoken は過去分詞形です。裸ですから必ず準動詞で、過去分詞形容詞用法か分詞構文(=形容詞か副詞)のどちらかです。裸の p.p. の前に「,」があるときは分詞構文の可能性が高く、裸の p.p. の前に「,」がないときは過去分詞形容詞用法の可能性が高いと言えます(もちろん可能性が高いだけで、そうでないこともよくあります)。この文の spoken は過去分詞形容詞用法で、the language を修飾しています。spoken は「話されている」という受身の意味を表しています。
　この文について以下の Questions に答えてください。

Q1　この英文の述語動詞は？
A1　is
Q2　この英文の準動詞は？
A2　spoken
Q3　spoken は何形か？
A3　過去分詞形
Q4　過去分詞の可能性は？

A4 　受身・完了・過去分詞形容詞用法・分詞構文
Q5 　spoken はそのうちのどれか？
A5 　過去分詞形容詞用法
Q6 　過去分詞形容詞用法の「前の働き」は？
A6 　名詞修飾・補語
Q7 　spoken はそのうちどれか？
A7 　名詞修飾
Q8 　spoken だけを和訳せよ。
A8 　「話されている」

ところで次の英文を見てください。

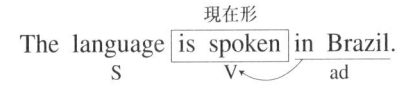

　　　　　　　　　現在形
　　The language |is spoken| in Brazil.
　　　 S　　　　　 V　　　　 ad

（その言葉はブラジルで話されている）

この spoken は裸ではありません（is という着物＝助動詞を着ています）。それでは、この文を疑問文にしてみましょう。次のようになります。

　　　　　現在形
　　|Is| the language |spoken| in Brazil?
　　　　　 S　　　　　 V　　　 ad

（その言葉はブラジルで話されていますか？）

疑問文ですから、主語の前に助動詞（＝is）が出て、疑問文の語順になっています。その結果 is と spoken は分離してしまいましたが、もちろん spoken は is という着物を着て受身で使われています。

疑問詞が Why と What では、英文の読み方が全く変わります
　それでは、この疑問文の先頭に疑問副詞の why（なぜ）を置いてみましょう。次のようになります。

```
             現在形
Why  is  the language  spoken  in  Brazil?
 ad   S              V          ad
```

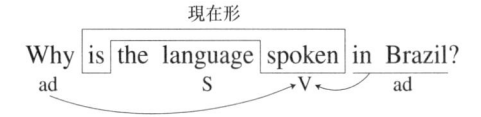

(なぜその言葉はブラジルで話されているのですか?)

依然として spoken は is という着物を着て受身で使われています。
　ところが、先頭に疑問副詞の why (なぜ)ではなく、疑問代名詞の what (何)を置くと、spoken の使われ方は一変するのです。

```
        現在形              p.p.
What  is  the  language  spoken  in  Brazil?
 n    V         S         a  v        ad
```

(ブラジルで話されている言葉は何ですか?)

　今度は、is は be 動詞であって着物(= 助動詞)ではありません。spoken は裸の p.p. です。なぜこのような変動が生じるのでしょうか?
　きっと皆さんは、意味を考えて「まあ、こうなるんだろうなあ」と推測できると思います。それはそれで大切な力ですが、ここでの問題は、「文法的にこう読まなければならない理由は何か?」ということなのです。それは why (= 疑問副詞)と what (= 疑問代名詞)の品詞の違い(= 副詞と名詞の違い)に起因するのです。それでは、なぜ疑問詞が副詞の場合と名詞の場合では is the language spoken の読み方(= この部分の構造)が違ってくるのでしょうか?
　それは speak という動詞の働きに原因があります。しかし、残念なことに「動詞の働き」は本書の守備範囲を超えています。したがって、この変動が生じる文法的メカニズムについてはここでお話をすることができません。これは、決してもったいぶっているのではありません。「動詞の働き」とは何か? からスタートして、これまで品詞と活用でやってきたような十分な練習を積み、「動詞の働き」という概念を英文認識の道具として使えるようになってからでなければ、この文法的メカニズムは理解できないのです。そこで、皆さんはとりあえずこの種の問題(= p.p. が着物を着ているか裸か、という問題、さらにそれ以前に、その動詞が過去形なのか p.p. なのかという問題)を意味(= どう読めば意味が通るか)だけを頼りに考えてください。

Lesson 7

「意味」とは別の判断枠組みを持つことが重要なのです

　こう言うと、皆さんの中には「意味を頼りに考えられれば、それで十分じゃないか。それ以上、文法的根拠など知って何になる」と考える人がいます。これは大変な考え違いです。「意味が通るか否か」だけに頼って英文を読んだ場合、本当は「意味が通らない」のに、自分では「意味が通っている」と思い込んでしまったらどうなるでしょう。他人から誤りを指摘されない限り、自分では誤りに気がつけないことになります。ところが、もし「意味」とは別の判断枠組みを持っていたら、その判断枠組みに照らして、自分の誤った思い込み(=思い違い)に自分で気がついて修正することができます。また、自分の意味の取り方をその判断枠組みで裏づけることができれば、他人の判定を仰がなくても、自分の読み方が正しいという確信を持つことができます。

　この「意味とは別の判断枠組み」が「文法」なのです。私は前に「自分の力で正誤を判断するための客観的な基準が文法だ」と言ったのですが、それはこういうことなのです。

　本書だけで皆さんに十分な文法的判断枠組みを与えてさしあげることができないのは心苦しいのですが、物事には順序というものがあります。また「急がば回れ」という言葉もあります。説明が飛躍して消化不良を起こすよりは、たとえゆっくりでも適切な手順を踏んで勉強していくことが、結局は早いのです。

　皆さんはそのへんの事情をくみとって、本書の敷いたレールに素直に乗って勉強してください。

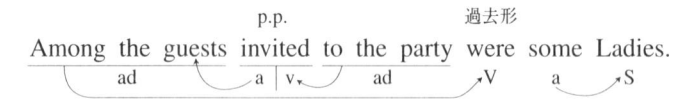

```
                         p.p.              過去形
    Among the guests invited to the party were some Ladies.
          ad        a  v      ad           V    a    S
```

（パーティーに招かれた客の中には数人の女性がいた）

　invite（招待する）は規則活用の動詞ですから、invited は過去形と過去分詞形の両方の可能性があります。過去形なら絶対に述語動詞で意味は「招いた」です。過去分詞形なら、これは裸ですから絶対に準動詞(=過去分詞形容詞用法か分詞構文)で、意味は「招かれる、招かれた」です。もしこの英文中に使われている動詞が invited だけであるなら、あるいは、他に動詞があっても、その動詞が確実に準動詞であるなら、invited は述語動詞 → 過去形に決まります。

　しかし、この英文には過去形＝述語動詞である were があります。したがって、invited は準動詞であってもさしつかえないので、過去分詞形かもしれません。

さて、再三申し上げる通り、これ以上の文法的アプローチには、まだ勉強していない「動詞の働き（＝inviteの働き）」についての理解が必要です。そこで、現時点では、意味（＝「招いた」か「招かれる、招かれた」か）に頼って判断することにしましょう。

「前置詞 ＋ 名詞 Ｖ ＋ Ｓ」という倒置です

invitedを過去分詞形容詞用法と考えて直前のthe guestsにかけると、the guests invited to the partyは「パーティに招かれたお客」となって意味が自然に通ります。the guestsは複数名詞ですからwereの主語になる資格があります。しかし、前置詞がついているので主語ではありません（＝前置詞の目的語です）。すると主語になれる名詞はsome ladiesしかありません。ladiesは複数名詞ですからwereの主語になれます。ladiesをwereの主語にするとwere some ladiesは「数人の女性がいた」となって、意味が通ります。ここは述語動詞の後に「構造上の主語」が置かれた「倒置」の語順なのです。「なぜこの倒置が起こるのか」も「動詞の働き（＝wereの働き）」についての理解がないとわかりません。そこで、ここでは踏み込まないことにします。当面は「倒置」だということがわかれば、それで十分です。

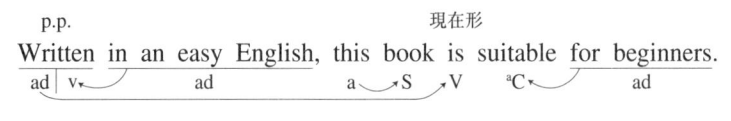

```
     p.p.                              現在形
Written in an easy English, this book is suitable for beginners.
 ad | v          ad           a    S   V    ᵃC         ad
```

（やさしい英語で書かれているので、この本は初心者に適している）

write（書く）の活用は［write—wrote—written］です。したがって、writtenは過去分詞形です。裸ですから絶対に準動詞で（＝過去分詞形容詞用法か分詞構文です）、表している意味は受身の意味（＝書かれる、書かれた）です。

Written in an easy Englishの意味（＝やさしい英語で書かれる、書かれた）とthis book is suitable for beginnersの意味（＝この本は初心者に適している）を比べると、「前者は後者の理由である」と考えるのが自然です。したがってwrittenは「理由」を表す分詞構文です。

分詞構文はing形だけが作るわけではない

なお、「WrittenはBeing writtenからBeingが省略されたものだ」と考える人がいます。こういう人は、分詞構文はing形（すなわち、現在分詞）が作るものだと

思い込んでいて、Written を分詞構文にするためにはどうしても ing 形にする必要があるので、「前に Being が省略されている」と言うのです。

　この考えは間違っています。分詞構文は「分詞が作る構文」なのです。そして分詞には現在分詞と過去分詞の 2 種類があるのです。したがって、<u>過去分詞も現在分詞と同じように分詞構文を作る</u>のです。Written は過去分詞ですから、Written 自体が (= 他の語、たとえば Being などを必要とせず) 分詞構文を作る (= 分詞構文になる) のです。

　Written が「受身」の意味を表すのは、Being が省略されているからではなく、「裸の過去分詞は原則として受身の意味を表す」と決められているからです。

　もちろん Being written in an easy English という分詞構文もあります。しかし、これは Being written という ing 形 (= 現在分詞) が作る分詞構文であって、過去分詞が作る分詞構文である Written in an easy English とは別物なのです。それが証拠に両者は表しているニュアンスが若干違います。Written in an easy English だと「やさしい英語で書かれたので」という「行為」と「やさしい英語で書かれているので」という「状態」の両方を表しますが、Being written in an easy English だと、もっぱら「やさしい英語で書かれたので」という「行為」を表すのです。

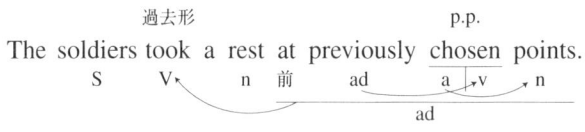

```
            過去形                    p.p.
The soldiers took  a  rest at previously chosen points.
  S       V     n  前      ad       a   v    n
                                    ─────────
                                        ad
```

(兵士たちはあらかじめ選んでおいた地点で休憩をとった)

take (取る) は [take—took—taken] という不規則活用です。したがって took は過去形 = 述語動詞です。

choose (選ぶ) は [choose—chose—chosen] という不規則活用です。したがって chosen は過去分詞形です。裸ですから絶対に準動詞で (= 過去分詞形容詞用法か分詞構文です)、表している意味は受身の意味 (= 選ばれる、選ばれた) です。この chosen は過去分詞形容詞用法で、後ろの名詞 (= points) を修飾しています。previously chosen points で「あらかじめ選ばれた地点」という意味です。

```
         過去形    p.p.
They seemed satisfied with the result.
  S    V      ªC    v
                    ──────────
                        ad
```

(彼らはその結果に満足しているように見えた)

　seem（〜のように見える）と satisfy（満足させる）はどちらも規則活用の動詞なので、seemed と satisfied はどちらも過去形と過去分詞形の両方の可能性があります。過去形なら絶対に述語動詞で、過去分詞形なら裸ですから絶対に準動詞（＝過去分詞形容詞用法か分詞構文）です。

seem は「裸の p.p.」では使えない

　さて、以上の枠組みの中で seemed と satisfied の活用を決めなければいけない（そうでなければ正確に読めない）のですが、これはすぐにわかるのです。というのは、seem という動詞は「裸の p.p.」では使われない(使えない)からです。しかし、なぜこれがすぐにわかるのでしょうか？ 辞書を見ても「seem は過去分詞形容詞用法と過去分詞の分詞構文では使わない」などとはどこにも書いてありません。実はこれは、またまた恐縮ですが、seem という動詞の「働き」によってわかるのです。「動詞の働き」は本書の守備範囲外ですから(「動詞の働き」は『英語リーディング教本』と『英語リーディングの秘密』で勉強します)、ここでは押しつけ(＝著者から読者への押しつけ)になりますが、皆さんは seemed は過去形＝述語動詞だと考えてください。

　seem には「seem 形容詞」で「形容詞のように見える」という意味を表す使い方があります。たとえば次のような具合です。

```
        現在形
 She  seems  happy.   (彼女は幸せそうに見える)
  S    V      ªC
```

　happy は「幸せな」という意味の形容詞で She の状態を説明しています。その際、seems という動詞の助けを借りて間接的に説明しているので、働きは補語です。

　さて、この「seem 形容詞」という表現の形容詞の位置には、happy のような純粋な形容詞だけでなく過去分詞形容詞用法を入れることもできます。たとえば次のような具合です。

```
        現在形    p.p.
 She  seems  disappointed.   (彼女は失望しているように見える)
  S    V        ªC | v
```

Lesson 7

　disappointed は disappoint（失望させる）という動詞の過去分詞形です。裸ですから準動詞で、表している意味は「失望させられる、させられた」という受身の意味です。この文では過去分詞形容詞用法で、She の状態を説明しています。その際、seems という動詞の助けを借りて間接的に説明しているので働きは補語です。文全体の意味は「彼女は失望させられているように見える → 彼女は失望しているように見える」となります。

　さて、初めの例文に戻りましょう。satisfied は、今の disappointed と同じく、過去分詞形容詞用法で働き(＝前の働き)は補語です。表している意味は「満足させられる、させられた」という受身の意味です。したがって文全体は「彼らはその結果に満足させられているように見えた → 彼らはその結果に満足しているように見えた」となります。

【問8】　動詞と助動詞を指摘し、それの活用を言いなさい。
　その際、辞書の捉え方と学校文法の捉え方が違う場合は、両方の捉え方で活用を指摘しなさい。
　さらに、述語動詞と準動詞を指摘し、準動詞は「前の品詞」を記入しなさい。
　また、「前の働き」が主語、補語、修飾の場合には、それを記号で記入しなさい。

1. Articles made in this way cannot be mass-produced.

2. The newly discovered element was named radium.

3. Caught in a heavy shower, he took shelter under a big tree.

4. At the moment of the assault, I saw two hostages killed by a missile hit from a helicopter.

5. "Taiyaki" is a unique Japanese pastry shaped like a red snapper and having a pancake-like outer shell filled with sweetened bean paste.

6. Jack's car, badly driven by a hired chauffeur, left the road.

7. The Italian scored their only goal on a penalty kick awarded on a very obvious foul committed by a Chilean back.

8. I don't mind being offered instruction, but I resent having it shoved

down my throat.

>> 解答・解説

1. Articles made in this way cannot be mass-produced.
   (p.p. 現在形 原形 原形 p.p.)
   (S a v ad aux ad aux V)
   (V)

(このようにして作られた品物は大量生産することはできない)

　make（作る）は［make—made—made］という不規則活用です。この文の made は、もし過去形だと必ず述語動詞で、意味は「作った」、主語は Articles です。すると「品物がこのやり方で〜を作った」となって意味が通りません。

　それに対して、過去分詞形だと、裸なので必ず準動詞で（過去分詞形容詞用法か分詞構文です）、意味は「作られる、作られた」です。過去分詞形容詞用法を選んで Articles にかけると「このやり方で作られた品物」となって完全に意味が通ります。したがって後者が正解です。「動詞の働き」を考えると、別の文法的アプローチがありえますが、今は、「意味が通るか否か」で made の活用を判断してください。

　mass-produce は「大量生産する」という意味の動詞です。

1の設問の答
made：動詞、過去分詞形、準動詞、前の品詞は形容詞、前の働きは名詞修飾
can：助動詞、現在形
be：助動詞、原形
mass-produced：動詞、過去分詞形、使い方は受身
be mass-produced：動詞、原形、述語動詞

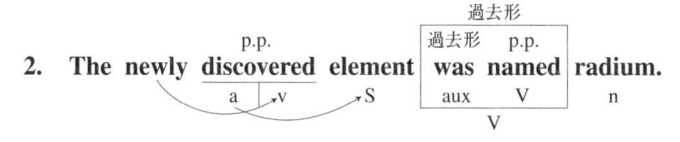

2. The newly discovered element was named radium.
   (p.p. 過去形 過去形 p.p.)
   (a v S aux V n)
   (V)

(その新たに発見された元素はラジウムと命名された)

冠詞と修飾語の関係

　discover（発見する）は規則活用ですから discovered は過去形か過去分詞形です。

Lesson 7

この文の discovered は過去分詞形容詞用法で element を修飾しています。なぜなら、冠詞と名詞と修飾語の間には次のような関係があるからです。

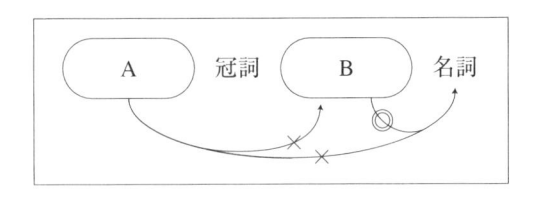

```
┌─────────────────────────────────────┐
│   ( A )   冠詞   ( B )   名詞        │
│                                      │
└─────────────────────────────────────┘
```

「冠詞と名詞の間(=Bの領域)にある語句」は最終的には必ず「名詞」を修飾します。「冠詞の前(=Aの領域)にある語句」は原則として「Bの領域にある語句」や「名詞」を修飾できません(一部の特定の語は冠詞を越えて名詞を修飾します。たとえば such a system「そのようなシステム」のような具合です)。

このルールに基づいて問題文を検討してみましょう。The は element についている冠詞です。すると間に入った newly discovered は必ず element を修飾します。したがって「discovered は過去分詞形容詞用法である」となるわけです。もちろん discovered を過去形にしたら「主語はどれだ?」「意味は通るか?」というように難題山積ですから、過去形でないことは明らかです。named は name (=「名づける」という意味の規則活用の動詞)の過去分詞形で、使い方は受身です。

|2 の設問の答|

discovered:動詞、過去分詞形、準動詞、前の品詞は形容詞、前の働きは名詞修飾
was:助動詞、過去形
named:動詞、過去分詞形、使い方は受身
was named:動詞、過去形、述語動詞

過去分詞の分詞構文

    p.p.   過去形
3. **Caught in a heavy shower, he took shelter under a big tree.**
   ad v   ad   S V n   ad

  (激しいにわか雨にあって、彼は大きな木の下に逃げ込んだ)

  catch (つかまえる)は [catch—caught—caught] という不規則活用です。したがって、caught は過去形か過去分詞形です。しかし、過去形の動詞が文頭にくること

は原則としてありません(例外は特定の表現に限られ、しかも、極めて稀です)。したがって caught は過去分詞形です。裸ですから必ず準動詞(= 過去分詞形容詞用法か分詞構文)で、意味は「つかまえられる、つかまえられた」です。この文では分詞構文で、表している意味は「理由」です。Caught in a heavy shower で「激しいにわか雨につかまえられたので」という意味になります。

　take は [take—took—taken] という不規則活用ですから、took は過去形(= 述語動詞)です。

3 の設問の答

Caught：動詞、過去分詞形、準動詞、前の品詞は副詞、前の働きは動詞修飾
took：動詞、過去形、述語動詞

「see 名詞 −ing」には 2 つの読み方がある

4. At the moment of the assault, I saw two hostages killed by a missile hit from a helicopter.

(その攻撃のとき、私はヘリコプターから発射されたミサイルによって 2 人の人質が殺されるのを見た)

　see は [see—saw—seen] という不規則活用ですから saw は過去形(= 述語動詞)です。

　see には、feel と同じように「see 名詞 −ing」で「名詞が−しているのを見る」という意味を表す使い方があります。この場合の −ing は現在分詞形容詞用法で「前の働き」は補語です (see の助けを借りて、間接的に名詞の状態を説明しているからです)。たとえば次のような文です。

I saw a man crossing the street.

(私は一人の男が通りを横切っているのを見た)

　もちろん「see 名詞 −ing」で、−ing が補語ではなく名詞修飾(= 前の名詞を修飾する)のこともありえます。たとえば次のような文です。

Lesson 7

```
       過去形       ing形
    I saw a man living on the story above me.
    S  V    n    a  v      ad           a
```

（私は私の1階上に住んでいる男を見た）

　この英文で、living を補語にして「私は一人の男が私の1階上に住んでいるのを見た」と読むことはできません。なぜなら「名詞が-しているのを見る」という場合の -ing は「終わりが予想される、あまり長くない行為ないし状態」を表す場合に限られるからです。「1階で暮らす」という行為は、すでに10年以上続いているかもしれませんし、今後もずっと続くかもしれません。このような行為を「see 名詞 -ing（名詞が-しているのを見る）」の -ing のところに置くことはできないのです。

　したがって、I saw a man living on the story above me. は1つの読み方しかありませんから問題は生じません。それに対して「-している名詞を見る」という場合の -ing には「こういう行為、状態でなければいけない」という制限は特にありません。したがって、I saw a man crossing the street. の crossing を a man にかけて「私は通りを横切っている男を見た」と読むことは可能です。そこで、I saw a man crossing the street. は2つの読み方があることになり、どちらで読んだらよいのかという問題が生じます。

　これについては次のように考えてください。

> どちらでも読めるときは、原則として -ing を補語にして読み、前後の文脈からどうしても -ing を名詞修飾にして読まないと不自然なときに限り、例外的に -ing を名詞修飾にする。

　そこで、I saw a man crossing the street. は特に文脈から不自然に感じない限りは「私は一人の男が通りを横切っているのを見た」と読むことになります。
　さて、今勉強した「see 名詞 -ing（名詞が-しているのを見る）」の -ing（= 現在分詞形容詞用法）のところに p.p.（= 過去分詞形容詞用法）を置くことができます。そして、考え方は -ing を置いた場合と同じです。次の2つの文を見てください。

```
       過去形        p.p.
    I saw a man caught by a police man.
    S  V    n   ªC  v       ad
```

（私は一人の男が警官につかまるのを見た）

　　過去形　　　　p.p.
　I saw a man called Tom.
　S　V　　　n　a｜v　　n

（私はトムと呼ばれる男を見た）

　初めの文は「私は警官につかまった男を見た」と読むことは可能です。しかし、特に文脈から不自然に感じない限りは「私は一人の男が警官につかまるのを見た」と読みます。
　2番目の文は「私は一人の男がトムと呼ばれるのを見た」と読むことはできません。なぜなら「called 〜（〜と呼ばれる）」という表現は「俗称が〜である」という意味であって、「終わりが予想されるあまり長くない行為（たとえば、誰かによって1回「〜ちゃん」と声を掛けられる行為）」を表しているのではないからです。
　問題文は「see 名詞　過去分詞（名詞が〜されるのを見る）」の過去分詞の位置に killed を置いたものです。killed は kill（殺す）という規則活用の動詞の過去分詞形です。そこで、I saw two hostages killed by a missile は「私は2人の人質がミサイルによって殺されるのを見た」という意味になります。
　hit（打つ）は［hit―hit―hit］という不規則活用です。したがって、hit には原形・現在形・過去形・過去分詞形の4つの可能性があります。
　この文の hit は「原形動詞が使われる5つのパターン」のうち現在わかっている2つのパターン（＝一般助動詞の後に続く動詞は原形、命令文の述語動詞は原形）のどちらにも当てはまらないので原形ではありません。現在形・過去形だと述語動詞ですから、必ず主語が必要ですが、主語になれる名詞は I しかありません。I ... hit from a helicopter（私はヘリコプターから撃つ、撃った）では意味が通りません。
　したがって（＝消去法によって）hit は過去分詞形です。裸ですから必ず準動詞（＝過去分詞形容詞用法か分詞構文）で、意味は「撃たれる、撃たれた」です。ここは過去分詞形容詞用法で missile を修飾しています。a missile hit from a helicopter は「ヘリコプターから撃たれたミサイル」という意味です。

|4の設問の答|

saw：動詞、過去形、述語動詞
killed：動詞、過去分詞形、準動詞、前の品詞は形容詞、前の働きは補語
hit：動詞、過去分詞形、準動詞、前の品詞は形容詞、前の働きは名詞修飾

Lesson 7

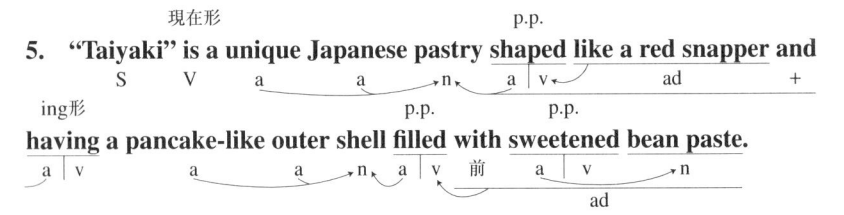

                現在形   p.p.

5. "Taiyaki" is a unique Japanese pastry shaped like a red snapper and
      S V   a   a   n   a   v   ad   +
ing形   p.p.   p.p.

having a pancake-like outer shell filled with sweetened bean paste.
  a | v   a   a   n   a | v   前   a | v   n
                                                                               ad

(「たい焼き」はレッドスナッパーのような形をしていて、パンケーキ風の外側の皮に豆の甘いペーストを詰めた、日本独特のペストリーである)

  shape（形作る）、fill（満たす）、sweeten（甘くする）はいずれも規則活用の動詞ですから、shaped、filled、sweetened はいずれも過去形と過去分詞形の両方の可能性があります。そして、過去分詞形だと、すべて裸ですから、準動詞（＝過去分詞形容詞用法か分詞構文）で、受身の意味（＝形作られた、満たされた、甘くされた）を表します。

  正解は、上に図示したようにすべて過去分詞形容詞用法で「前の働き」は名詞修飾です。red snapper は「鯛」の英語名です。and（＝等位接続詞）は shaped と having をつないでいます。shaped と having はどちらも「前の働き」は名詞修飾ですから「等位」の関係です。「-like」は名詞の後につけて「〜のような」という意味の形容詞を作る接尾辞です。

|5 の設問の答|

is：動詞、現在形、述語動詞
shaped：動詞、過去分詞形、準動詞、前の品詞は形容詞、前の働きは名詞修飾
having：動詞、ing 形、準動詞、前の品詞は形容詞、前の働きは名詞修飾
filled：動詞、過去分詞形、準動詞、前の品詞は形容詞、前の働きは名詞修飾
sweetened：動詞、過去分詞形、準動詞、前の品詞は形容詞、前の働きは名詞修飾

                          p.p.   p.p.   過去形
6. Jack's car, badly driven by a hired chauffeur, left the road.
      a   S   ad   ad v   前   a | v   n   V   n
                                          ad

(ジャックの車は、雇いのお抱え運転手が下手な運転をしたので道路から外れてしまった)

  drive（運転する）は [drive—drove—driven] という不規則活用ですから、driven は過去分詞形です。裸ですから準動詞（＝過去分詞形容詞用法か分詞構文）で、意味は「運転される、運転された」です。過去分詞形容詞用法にして Jack's car にかけ

ることもできますが(意味は「下手に運転されたジャックの車」となります)、その場合は通常 Jack's car と badly driven の間にコンマを置きません。裸の p.p. の前にコンマがあるときは分詞構文の可能性が高いので、分詞構文を先に検討し、それで意味が通れば、それを正解にします。この文の場合も、driven は分詞構文で、意味は「理由」です。badly driven は「下手に運転されたので」という意味になります。

　hire (雇う)は規則活用ですから hired は過去形か過去分詞形です。hired は冠詞(= a) と名詞(= chauffeur) の間にあるので必ず名詞(= chauffeur) を修飾します。したがって過去分詞形容詞用法です。

　leave (離れる)は [leave—left—left] という不規則活用ですから、left は過去形か過去分詞形です。もし過去分詞形だと裸ですから準動詞になります。しかし、この文には left の他に述語動詞になれる動詞はありませんから、left は過去形(= 述語動詞)に決まります。

|6 の設問の答|

driven：動詞、過去分詞形、準動詞、前の品詞は副詞、前の働きは動詞修飾
hired：動詞、過去分詞形、準動詞、前の品詞は形容詞、前の働きは名詞修飾
left：動詞、過去形、述語動詞

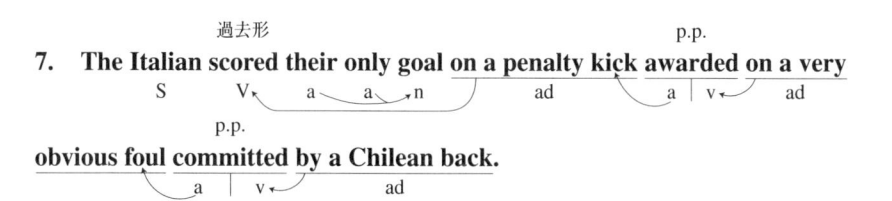

　　　　　　　　　　　過去形　　　　　　　　　　　　　　　p.p.
7. **The Italian scored their only goal on a penalty kick awarded on a very**
　　　　　　　　　p.p.
obvious foul committed by a Chilean back.

(イタリアチームはチリの守備選手が冒したあからさまな反則によって得たペナルティキックによって、唯一の得点を挙げた)

　score (得点する)、award (与える)、commit (冒す)はいずれも規則活用の動詞ですから、scored、awarded、committed はいずれも過去形と過去分詞形の両方の可能性があります。しかし、だからといって3つとも過去分詞形にすると、これは文ではなくなってしまいます。なぜなら、3つとも裸なので準動詞になり、述語動詞がなくなってしまうからです。そこで、最低1つは過去形(= 述語動詞)に読む必要があります。

　「動詞の働き」を考えると、さらに文法的アプローチを進めることができます。

Lesson 7

しかし、私たちはまだ「動詞の働き」を勉強していないので、ここから先は「意味」に基づいて決めることにしましょう。

すると awarded と committed を過去分詞形容詞用法にして、scored を過去形（= 述語動詞）にすると完全に意味が通ります。

[7 の設問の答]

scored：動詞、過去形、述語動詞
awarded：動詞、過去分詞形、準動詞、前の品詞は形容詞、前の働きは名詞修飾
committed：動詞、過去分詞形、準動詞、前の品詞は形容詞、前の働きは名詞修飾

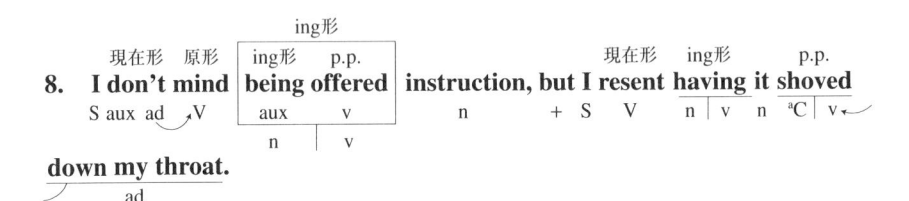

```
              現在形 原形   ing形                             現在形  ing形      p.p.
                          ing形  p.p.
 8.   I don't mind  being offered  instruction, but I resent having it shoved
      S aux ad   V   aux    v          n         + S    V    n  v  n  ᵃC  v
                    n      v
down my throat.
       ad
```

（指示を受けるのは気にならないが、それを押しつけられるのには腹が立つ）

mind は「嫌がる、気にする」という意味の動詞です。I don't mind で「私は嫌がらない、気にしない」という意味になります。

offer は「提供する」という意味の動詞です。そこで、この動詞を受身動名詞にして instruction（指示）という名詞を後に置くと（= being offered instruction にすると）「指示を提供されること → 指示を受けること」という意味になります。

resent は「腹を立てる」という意味の動詞です。

have ＋ 名詞 ＋ p.p.

動詞の have には「have 名詞 形容詞」で「名詞が形容詞である状態を持つ → 名詞が形容詞である状態を生み出す」という意味を表す使い方があります。たとえば次のような具合です。

```
    過去形
 I had the door half open.
 S  V   n    ad  ᵃC
```

（私はドアを半分開けておいた）

この文は「私はドアが半分開いている状態を持った → 私はドアが半分開いてい

る状態を生み出した → 私はドアを半分開けておいた」という意味です。

この場合の open は動詞(= had)の助けを借りて名詞(= the door)の状態を間接的に説明しているので補語です。もし名詞修飾なら the half open door (その半分開いているドア)となります。

さて、この「have 名詞 形容詞」の形容詞の位置には過去分詞形容詞用法を置くことができます。「have 名詞 過去分詞」で「名詞が～される状態を生み出す」という意味になります。たとえば次のような具合です。

```
        過去形        p.p.
He  had  his  shoes  shined.
 S    V    a     n     ᵃC│v
```

(彼は靴を磨いてもらった / 磨かせた / 磨いてしまった)

この文は「彼は靴が磨かれている状態を生み出した」という意味です。この「S have 名詞 過去分詞」という表現の場合「実際に名詞に働きかけて、名詞を過去分詞の状態にする人(= 直接実行者)」は、主語とは別の人であるのが普通です。つまり、実際に靴を磨く人は He ではないのが普通なのです。そこで、He と実際に靴を磨く人との関係に応じて、「彼は靴を磨いてもらった」と訳したり「彼は靴を磨かせた」と訳します。

しかし、「主語自身が名詞に直接働きかけて名詞を過去分詞の状態にする(= 主語が直接実行者になる)」という内容を表すこともないわけではありません。その場合には「彼は靴を磨いてしまった」という訳になります。

「have ＋ 名詞 ＋ p.p.」は主語が無意志の場合がある

ところで、上の3つのケースは、主語が名詞に直接手を下すか否かという違いはありますが、いずれも主語にはそのつもりがあり、意図的に「名詞が過去分詞である状態」を生み出しています。

ところが、この「have 名詞 過去分詞」という表現は「主語にそのつもりがなく(= 主語の意図とはかかわりなく、多くの場合は主語の意図に反して)、結果的に名詞が過去分詞である状態が生じてしまう」という意味になる場合があるのです(この場合を「主語が無意志である」といいます)。この場合には「主語は名詞を～される」という訳し方になります。たとえば次のような具合です。

Lesson 7

     過去形   p.p.
My friend had his watch stolen.
 a S V a n   ªC｜v

（私の友達は時計を盗まれた）

「時計を盗まれる」という内容は不利益ですから、通常は(＝保険金詐欺でもない限り)主語にはそのつもりはありません。そこで、「時計を盗ませた」ではなく「時計を盗まれた」という訳し方になるのです。それでは次の文を見てください。

   過去形   p.p.
I had the instruction shoved down my throat.
S V   n ªC｜v   ad

（私はその指示を押しつけられた）

 shove は「(乱暴に)ぐいと押す」という意味の規則活用の動詞です。そこで、shove を裸の過去分詞にして down my throat という副詞句をそれにかけると (= shoved down my throat にすると)「のどの下にぐいと押される → 無理やり飲み込まされる」という意味になります。それを I had the instruction の後に置くと、「私の意図とはかかわりなく、結果的にその指示が私に無理やり飲み込まされる状態が生じてしまった → 私はその指示を押しつけられた」という意味になります。
 次に、had を動名詞にして、the instruction を代名詞の it に変えると、having it shoved down my throat（それを押しつけられること）となります。これを I resent の後に置くと「私は、それを押しつけられることに腹が立つ」という意味になるのです。

|8 の設問の答え|

do：助動詞、現在形
mind：動詞、原形、述語動詞
being：助動詞、ing 形
offered：動詞、過去分詞形、使い方は受身
being offered：動詞、ing 形、準動詞、前の品詞は名詞
resent：動詞、現在形、述語動詞
having：動詞、ing 形、準動詞、前の品詞は名詞
shoved：動詞、過去分詞形、準動詞、前の品詞は形容詞、前の働きは補語

Lesson **8**

原 形

Lesson 8

》 8–1 不定詞の4つの可能性

　前に「原形動詞は英文中で使われるパターンが5つに限定されています」と言いました。そのうち2つはすでに勉強済みです。それは「一般助動詞の後に原形動詞がくる」場合と「命令文の述語動詞に原形動詞を使う」場合です。残りの3つは「to 不定詞」「原形不定詞」「仮定法現在」です。このレッスンでは残り3つのうち「to 不定詞」と「原形不定詞」の2つを勉強しましょう。

　原形動詞の前に to をつけた形（= to + 原形動詞）を「to 不定詞」または、たんに「不定詞」といいます（この他に be 助動詞・原形と have 助動詞・原形の前に to がついた不定詞もあります。この2つはいずれ例文で勉強します）。

　不定詞は英文中で次の4つの可能性があります。

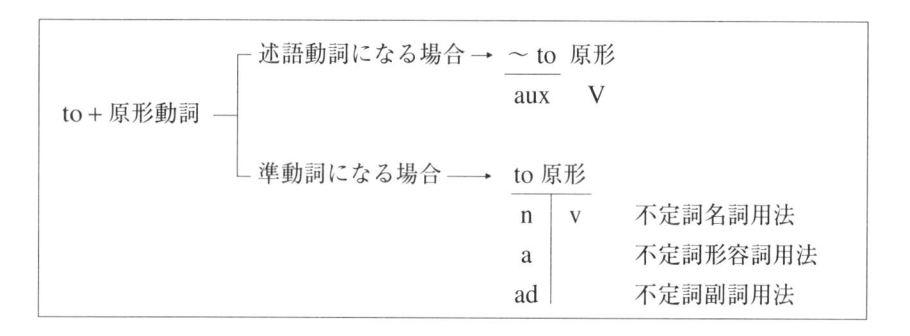

```
                ┌─ 述語動詞になる場合 ──→  ～ to 原形
                │                            ───  ──
to + 原形動詞 ─┤                            aux   V
                │
                └─ 準動詞になる場合   ──→  to 原形
                                            ──────
                                             n │ v     不定詞名詞用法
                                             a         不定詞形容詞用法
                                             ad        不定詞副詞用法
```

助動詞の一部 + 述語動詞

　ought to や used to はこれ全体が1つの一般助動詞です。したがって、後ろには原形動詞が続きます（「ought to 原形動詞」「used to 原形動詞」のようになります）。この場合は不定詞（= to + 原形動詞）の to の部分が助動詞の一部に組み込まれ（= ought や used と結びついて1つの助動詞になっている）、原形動詞の部分が述語動詞になっています。不定詞が述語動詞になるのはこの場合だけです。

　このような助動詞は他にも「have to」や「be to」や「be going to」などがあります（本来、この3つは助動詞でなく、あくまでも「動詞＋不定詞」なのですが、学校文法では便宜上この3つも ought to や used to に準じて、助動詞として扱っています）。

不定詞が準動詞になる場合

　<u>不定詞の to が助動詞の一部に組み込まれていないときは、不定詞は必ず準動詞になります</u>。この場合は to と原形動詞を分けずに「to + 原形動詞」の全体を1つ

の準動詞と考えます。

　名詞を兼ねるときは「不定詞名詞用法」、形容詞を兼ねるときは「不定詞形容詞用法」、副詞を兼ねるときは「不定詞副詞用法」といいます。
　さっそく、この枠組みを実例で確認してみましょう。

be going to

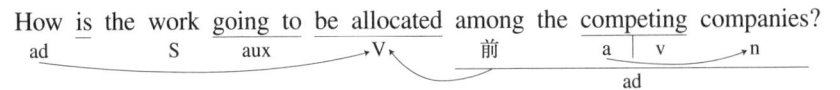

How is the work going to be allocated among the competing companies?
ad 　　　S 　　　aux 　　　V 　　　前 　　a｜v 　　n
　　　　　　　　　　　　　　　　　　　　　　　ad

(その仕事は競合する会社の間でどのように割り当てられるのですか？)

　「be going to 原形」は「まさに原形しようとしている、原形することになっている、原形するつもりです」という意味を表します。本来「be going」は進行形の動詞で、「to 原形」は不定詞副詞用法で「be going」を修飾しています。しかし、現在では「be going」は「行きつつある」という本来の意味を失っていて、I am going to come.（私は来るつもりです）と言うことすらできます。
　このような事情から、学校文法では「be going to」を1つの助動詞として扱います。そこで、上の文では「is going to」が助動詞・現在形で「be allocated」が動詞・原形です。be allocated は現在形助動詞がついているので述語動詞です。

不定詞名詞用法は前置詞の目的語にはなれない

To see you is always a great pleasure.
S｜v 　n 　V 　ad 　　a 　　　ⁿC

(あなたに会うことは、いつでも大きな楽しみです)

　To see は不定詞名詞用法で前の働きは主語です。
　不定詞名詞用法の「前の働き」は「主語、動詞の目的語、補語」のどれかです。不定詞名詞用法は「前置詞の目的語」にはなれないのです。準動詞を前置詞の目的語にしたいときは動名詞にしなければなりません。

He has an earnest wish to go abroad.
S 　V 　　　a 　　n 　a｜v 　ad

(彼は外国へ行きたいという切なる願いを持っている)

173

to go は不定詞形容詞用法で、前の働きは名詞修飾です。

>> 8-2 進行形不定詞

She seemed to be trembling.
 S   V   ªC | v

（彼女は震えているようだった）

　p. 159 で「seem 形容詞（形容詞のように見える）」という表現を紹介しました（この形容詞の働きは補語です）。そのとき、形容詞の位置に過去分詞形容詞用法を置いた seem disappointed（失望しているように見える）という表現を勉強しました。この形容詞の位置には過去分詞形容詞用法だけでなく、現在分詞形容詞用法や不定詞形容詞用法を置くこともできます。不定詞形容詞用法を置いたのが上の例文です。

　to be trembling は「震えている」という状態を表す不定詞形容詞用法で、前の働きは補語です（seemed という動詞の助けを借りて she の状態を説明しているからです）。

　to be trembling は「進行形不定詞」と呼ばれます。進行形の動詞は述語動詞になるのが原則です。ただし、進行形不定詞の場合は準動詞になります。進行形の動詞が述語動詞にならない（＝準動詞になる）のは進行形不定詞の場合だけです。次の Q&A を検討してください。

Q　ing 形の動詞で文を作るにはどうすればよいか？
A　進行形にすればよい。
Q　他に方法はないか？
A　ない。
Q　進行形の動詞は必ず述語動詞になるのか？
A　必ずとはいえない。進行形不定詞の場合は準動詞になる。

Yesterday John came to see you.
　 ad　　　 S　　 V　 ad | v　 n

（昨日ジョンが君に会いに来ました）

　to see は「会うために」という意味を表す不定詞副詞用法で、前の働きは動詞修飾です。

>> 8-3 受身不定詞

We must be careful not to be deceived by others.
S   aux V   ᵃC   ad   ad   v   ad

(我々は他人にだまされないように注意しなければいけない)

to be deceived は「受身不定詞」と呼ばれます。前に置かれた not は to be deceived を否定する副詞です。「準動詞を否定する not は準動詞の直前に置く」のがルールなので not to be deceived という語順になるのです。

not to be deceived は、「どういう点で careful なのか(=だまされないという点で注意深い)」を表しているので、careful を修飾しています。したがって、前の品詞は副詞(=不定詞副詞用法)で、前の働きは形容詞修飾です。

>> 8-4 完了不定詞

I am proud to have been able to help you.
S V   ᵃC   ad   v   ᵃC   ad v   n

(私はあなたのお手伝いができたことを光栄に思います)

have p.p. は、have が現在形のとき(=現在完了のとき)は、have と p.p. を別個に捉えて、「have は助動詞・現在形、p.p. は動詞・過去分詞形」というように扱います。ところが、同じ have p.p.でも、have が原形で前に to がついているとき(=to have p.p. のとき)は、have と p.p. を分けずに「to have p.p.」の全体を1つの不定詞として扱います。この不定詞は「完了不定詞」と呼ばれます。

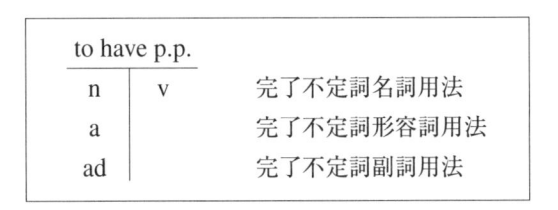

to have p.p.		
n	v	完了不定詞名詞用法
a		完了不定詞形容詞用法
ad		完了不定詞副詞用法

したがって、例文の to have been はこれ全体が1つの不定詞(=完了不定詞)で、前の品詞は副詞(=完了不定詞副詞用法)で、前の働きは形容詞修飾です(=「どういう点

で proud なのか」を表しています)。

to help も不定詞副詞用法で、前の働きは形容詞修飾です(=「どういう点で able なのかか」を表しています)。

To have been accused was very bad.
　S　　｜　v　　　V　　ad　　ᵃC

(告訴されたことは非常にまずかった)

to have p.p. の p.p. に「受身形の動詞の p.p. = been p.p.」を入れると「to have been p.p.」となります。これは、これ全体が 1 つの不定詞で「受身完了不定詞」と呼ばれます。To have been accused は受身完了不定詞の名詞用法で、前の働きは主語です。

It is necessary to make a correction.
仮S V　　　ᵃC　　真S｜v　　　n

(修正することが必要だ)

to make は不定詞名詞用法で、前の働きは真主語です。

≫ 8–5 不定詞形容詞用法が補語になる場合

leave には「leave 名詞 形容詞」で「名詞を形容詞の状態に放置する」という意味を表す使い方があります(この場合の形容詞の働きは補語です)。たとえば、次のような文です。

You left the door open.
　S　 V　　　 n　　ᵃC

(君はドアを開けっぱなしにしておいた)

この形容詞のところには現在分詞形容詞用法や過去分詞形容詞用法を置くこともできます。

I left him standing in the street.
S V　 n　 ᵃC｜v　　　ad

(私は彼を通りに立たせておいた)

「私は彼を通りに立っている状態に放置した」が直訳です。

```
                         p.p.
The war left the countryside devastated.
 S   V    n            ᵃC    v
```

(戦争によってその田園地帯は荒廃してしまった)

「その戦争はその田園地帯を荒らされた状態に放置した」が直訳です。
　さらに、この形容詞のところに不定詞形容詞用法を置くこともできます。まず次の英語を見てください。

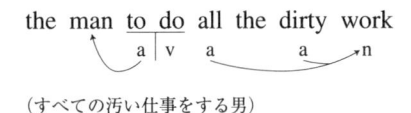

```
the man to do all the dirty work
      a  v   a       a   ↗n
```

(すべての汚い仕事をする男)

　to do は the man がどんな man であるかを、他の語の助けを借りずに、直接的に説明しています。したがって、to do は不定詞形容詞用法で、前の働きは名詞修飾です。
　この to do を「leave 名詞 形容詞(名詞を形容詞の状態に放置する)」の形容詞の位置に置くと次のような文を作ることができます。

```
They left the man to do all the dirty work.
 S   V    n   ᵃC  v   a       a   ↗n
```

(彼らは汚い仕事はすべてその男にさせた)

　この to do は the man がどんな man であるかを説明しているという点では、先ほどの the man to do all the dirty work の to do と同じです。しかし、それを直接的に説明するのではなく、leave (放置する)という動詞の助けを借りて「その男をすべての汚い仕事をする状態に放置した」と言うことによって、間接的に the man を説明しています。したがって、to do は不定詞形容詞用法で、前の働きは補語です。
　もう1つ次の英語を見てください。

```
the gate to be locked
          a     v
```
(鍵がかかる門)

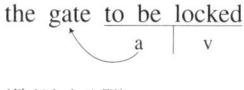

この不定詞形容詞用法の to be locked を補語で使うと、次のような文を作ることができます。

```
He ordered the gate to be locked.
S    V       n    ªC   v
```
(彼は門に鍵をかけるように命令した)

この to be locked は the gate がどんな gate であるかを説明しているという点では、先ほどの the gate to be locked の to be locked と同じです。しかし、それを直接的に説明するのではなく、order（命令する）という動詞の助けを借りて「その門が鍵をかけられるのを命令した」と言うことによって、間接的に the gate を説明しています。したがって、to be locked は不定詞形容詞用法で、前の働きは補語です。

>> 8-6　原形不定詞

さらに、次の文を見てください。

```
(誤) We felt the house to shake.
     S   V    n       ªC   v
```
(私たちは家がゆれるのを感じた)

この to shake は the house がどんな house であるかを説明しています。しかし、それを直接的に説明するのではなく、feel（感じる）という動詞の助けを借りて「家がゆれるのを感じた」ということによって、間接的に the house を説明しています。したがって、to shake は不定詞形容詞用法で、前の働きは補語です。

ところが、この文は誤文なのです。というのは「『feel 名詞』の後に不定詞を置いて、『名詞が原形するのを感じる』と言いたいときは、不定詞(= to 原形動詞)の to を言わず、原形動詞だけで不定詞の働きをさせる」というルールがあるからです。したがって、次が正しい文です。

```
                    原形
We felt the house shake.
S   V    n      ªC v
```
(私たちは家が揺れるのを感じた)

このような使い方をした原形動詞を「原形不定詞」とか「裸の不定詞」と呼びます(この場合の「裸」は「助動詞がついていない」という意味ではなく、「to がついていない」という意味です。普通の不定詞は原形不定詞と区別するために「to 不定詞」と呼ばれます)。この原形動詞は to がついていないだけで、あくまでも不定詞(したがって準動詞)なのです。shake は(原形)不定詞形容詞用法で、前の働きは補語です。

make ＋ 名詞 ＋ 原形

原形不定詞を使った英文をもう1つ見てみましょう。

```
                              原形
The commander made the officer leave the room.
 S           V    n       ªC  v     n
```
(司令官はその将校を部屋から出した)

leave は to がついていませんが不定詞(＝原形不定詞)で、the officer がどんな officer であるかを説明しています。しかし、それを直接的に説明するのではなく、make (させる)という動詞の助けを借りて「その将校を部屋から出させた」と言うことによって間接的に the officer を説明しています。したがって、leave は(原形)不定詞形容詞用法で、前の働きは補語です。

知覚動詞と使役動詞

このように、補語に原形不定詞を用いるのは feel のような知覚作用を表す動詞(知覚動詞と呼ばれます)か make のような使役行為を表す動詞(使役動詞と呼ばれます)です。

知覚動詞は feel 以外に、see、watch、hear、know、notice、observe などがあります。使役動詞は make 以外に、have、let、help があります。

なお、分詞(＝現在分詞形容詞用法と過去分詞形容詞用法)が補語になる場合は、前の品詞(＝形容詞＝どんな名詞であるかを説明する)が強く感じられます。それに比べて、不定詞形容詞用法が補語になる場合は、前の品詞(＝形容詞)は稀薄で、むしろ後の

Lesson 8

品詞(=動詞=行為や動きや変化を表す)のほうが強く感じられます。この傾向は原形不定詞になるとより顕著です。

そこで、私たちはこの実感を尊重して、不定詞形容詞用法が補語になる場合は、前の品詞(=形容詞)にはこだわらず、「それが準動詞である(=述語動詞ではない)」ことと「前の働きが補語である」ことをきちんと認識するようにすればよいことにしましょう。

【問9】 準動詞を指摘し「前の品詞」を記入しなさい。また、「前の働き」が主語、補語、修飾の場合には、それを記号で記入しなさい。

1. I pretended to be reading the paper.

2. The needles used to inject heroin and cocaine are spreading AIDS.

3. Congress passed a law letting the president do it and providing money.

4. His achievement was considered too insignificant to be mentioned in the press.

5. Sustained by the strong desire to learn these men were not content to ask idle questions.

6. It is dangerous to have him carry it upstairs.

7. To hear him play the violin, everybody would think him to be a genius in music.

8. Some planks supposed to have belonged to the ship have been picked up.

9. Seeing a pet die helps a child cope with sorrow.

10. He begged Annie to marry him and let him be a real father to the children.

11. This makes the sun seem to be going round us.

12. To be guilty of prejudice is to let thinking be influenced by feeling.

>> 解答・解説

1. I pretended to be reading the paper.
　　S　　V　　　　n｜v　　　　n

（私は新聞を読んでいるふりをした）

「pretend 名詞」は「名詞のふりをする」という意味です。たとえば pretend ignorance なら「知らないふりをする」という意味になります。上の英文は、この名詞のところに to be reading（読んでいること）という進行形不定詞の名詞用法を置いたのです。

[1 の設問の答え]
to be reading：前の品詞は名詞

2. The needles used to inject heroin and cocaine are spreading AIDS.
　　　S　　　a｜v　ad｜v　　n　＋　n　　V　　　n

（ヘロインやコカインを注射するのに使われる針がエイズを広めている）

used to inject を「昔よく注射したものだった」と読む（=「used to は助動詞で、inject は原形・述語動詞」と読む）のは間違いです。used は過去分詞形容詞用法で needles を修飾し、to inject は不定詞副詞用法で used を修飾しています。to inject は「注射するために」という意味です。

[2 の設問の答え]
used：前の品詞は形容詞、前の働きは名詞修飾
to inject：前の品詞は副詞、前の働きは動詞修飾

let ＋ 名詞 ＋ 原形

　　　　　　　　　　　　　　　　　　　　　　　　原形
3. Congress passed a law letting the president do it and providing money.
　　S　　　V　　n　a｜v　　　n　　ᵃC｜v n ＋ a｜v　n

（議会は大統領にそれする権限を与え、予算を支出する法律を可決した）

補語に原形不定詞を用いる使役動詞は make と let と have と help の４つです。「make 名詞 原形」は「名詞に原形させる」という意味です。それに対して、「let 名詞 原形」は「名詞が原形するのを許す、名詞が原形するままにしておく」とい

Lesson 8

う意味です。使役動詞といっても、let には make のような強制的ニュアンスはないのです。
　そこで次の英文を見てください。

```
          過去形        原形
Congress let the president do it.
   S   V          n       ᵃC v n
```

(議会は大統領がそれをするのを許した)

　let は [let — let — let] という不規則活用です。Congress は3人称・単数なので、現在形なら lets になるはずです。したがって、この文の let は過去形です。この let を裸の ing 形にすると次のようになります。

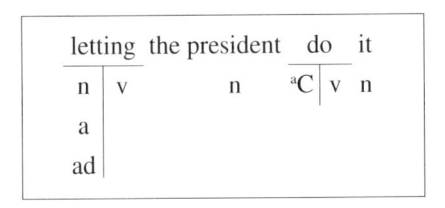

```
  letting the president   do  it
   n │ v          n      ᵃC v  n
   a
   ad
```

　これを現在分詞形容詞用法で使って、a law にかけたのが問題文なのです。なお、分詞が後ろから前の名詞を修飾するときは、必ず「被修飾語の名詞」が「分詞の意味上の主語」になります(そうでなければ、分詞を後ろから前の名詞にかけることはできないのです)。

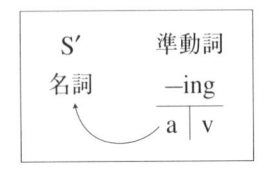

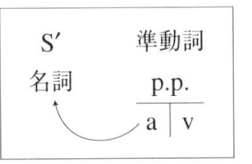

```
    S′      準動詞            S′       準動詞
   名詞      —ing            名詞       p.p.
            ─────                    ─────
             a │ v                    a │ v
```

　したがって、問題文の場合は、letting の「意味上の主語」は a law です。つまり、問題文においては、大統領がそれをするのを許し、お金を供給するのは議会ではなく、法律なのです。and は letting と providing をつないでいます。

|3 の設問の答え|
letting：前の品詞は形容詞、前の働きは名詞修飾

do：前の品詞は形容詞、前の働きは補語
providing：前の品詞は形容詞、前の働きは名詞修飾

≫ 8-7 too ～ to 原形

4. His achievement was considered too insignificant to be mentioned in the press.

（彼の業績はささやかなものなので新聞に載せるほどではないと考えられた）

「consider 名詞 形容詞」は「名詞を形容詞であると考える」という意味で、形容詞の働きは補語です。これを受身にすると、「名詞 be considered 形容詞（名詞が形容詞であると考えられる）」となります。問題文はこの形で、His achievement was considered too insignificant は「彼の業績は重要性がなさすぎると考えられた」という意味です。

too insignificant（過度に非重要である→重要性がなさすぎる）と言うからには、何か基準があるはずです。その基準が to be mentioned in the press で、「新聞で報じられるには（重要性がなさすぎる）」という意味です。したがって、to be mentioned という受身不定詞は副詞用法で、too（過度に）を修飾しています。

この「too ～ to 原形」という表現は「原形するには～すぎる」という直訳はあまり使わず、通常は「非常に～なので原形できない（しない）」という意訳を使います。そこで、too insignificant to be mentioned in the press を意訳すると「非常にとるに足らないので新聞で報じられない」となります。

|4 の設問の答え|

to be mentioned：前の品詞は副詞、前の働きは副詞修飾

5. Sustained by the strong desire to learn these men were not content to ask idle questions.

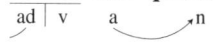

（学びたいという強い願望に支えられていたので、この人たちは無意味な質問をすることには満足できなかった）

Sustained は過去分詞の分詞構文で、表している意味は「理由」です。to learn

Lesson 8

は desire を修飾する不定詞形容詞用法です。to ask はどういう点で content（満足している）なのかを表しています。したがって、不定詞副詞用法で、前の働きは形容詞修飾です。

|5 の設問の答え|
Sustained：前の品詞は副詞、前の働きは動詞修飾
to learn：前の品詞は形容詞、前の働きは名詞修飾
to ask：前の品詞は副詞、前の働きは形容詞修飾

have ＋ 名詞 ＋ 原形

6. It is dangerous to have him carry it upstairs.
　　仮S V　　ᵃC　　真S｜v　n　ᵃC｜v　n　　ad

（彼にそれを 2 階へ運ばせるのは危険だ）

　have を使役動詞として使うと「have 名詞 原形」という形になります。これは「名詞が原形する状態を持つ」というのが元々の意味です。ここから、「名詞が人間なのか物・事なのか」と「主語に『持つ意志』があるのかないのか」に応じて様々なニュアンスが生じます。
　問題文は最も強く使役の意味が出ているケースで、「名詞(＝人間)に原形させる」という意味です。to have は不定詞名詞用法で、前の働きは「真主語」です。

|6 の設問の答え|
to have：前の品詞は名詞、前の働きは真主語
carry：前の品詞は形容詞、前の働きは補語

7. To hear him play the violin, everybody would think him to be a genius
　　ad｜v　n　ᵃC｜v　　n　　　S　　aux　　V　n　ᵃC｜v　n
in music.
　　　　 a

（彼がバイオリンを弾くのを聞けば、誰でも彼を音楽の天才だと思うだろう）

　hear は知覚動詞なので「hear 名詞 原形(名詞が原形するのを聞く)」という使い方ができます。hear him play the violin はこの形で「彼がバイオリンを弾くのを聞く」という意味です。play は原形不定詞で前の働きは補語です。

184

To hear は「聞くと(誰もが思うだろう)」という意味で、「条件」を表す不定詞副詞用法です。前の働きは「動詞修飾(= think にかかる)」です。
　think には「think 名詞 形容詞」で「名詞を形容詞だと思う」という意味を表す使い方があります(この場合の形容詞の働きは補語です)。たとえば次のような文です。

　　I thought her very attractive.
　　S　 V　　　 n　 ad　 ᵃC

　(私は彼女をとても魅力的だと思った)

この形容詞のところに不定詞形容詞用法を置くことができます。

　　I thought the book to belong to Mary.
　　S　 V　　　　 n　　　 ᵃC | v　　 ad

　(私はその本はメアリーのものだと思った)

　to belong は「属している」という意味で、前の品詞は形容詞(= 不定詞形容詞用法)で、thought の助けを借りて the book の状態を間接的に説明しているので、働き(= 前の働き)は補語です。
　問題文はこの形です。「think him to be ～」で「彼を～であると思う」という意味です。to be は「である」という状態を表す形容詞(= 不定詞形容詞用法)です。働き(= 前の働き)は補語です。それから、a genius は to be に続く名詞で、think とは何の関係もありません。think の補語はあくまでも to be という不定詞形容詞用法です。

|7 の設問の答え|

To hear：前の品詞は副詞、前の働きは動詞修飾
play：前の品詞は形容詞、前の働きは補語
to be：前の品詞は形容詞、前の働きは補語

8. Some planks supposed to have belonged to the ship have been picked up.
　　a　　 S　 a | v　　 ᵃC | v　　 ad　　 aux　　 V　　 ad

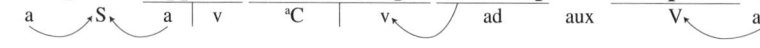

　(その船のものだったと思われる何枚かの板が拾い上げられた)

　suppose は think と同じように、「suppose 名詞 to 原形」で「名詞を原形する

185

と思う」という意味を表します (to 原形の前の働きは補語です)。そこで、次のような英語を作れます。

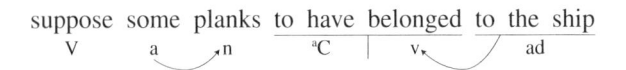

```
suppose  some  planks  to have belonged  to the ship
   V       a     n        ᵃC  |  v           ad
```

(何枚かの板をその船に属していた (= その船のものだった) と思う)

to have belonged は完了不定詞で、述語動詞 (= suppose) が表している「時」より時間的に古い状態を表します。ですから「属していたと思う」という意味になるのです。

もしこれを完了不定詞ではなく、普通の不定詞 (= to belong) にすると、述語動詞 (= suppose) と同時の状態を表すので、次のようになります。

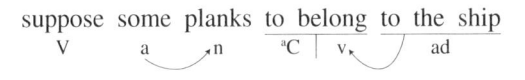

```
suppose  some  planks  to belong  to the ship
   V       a     n       ᵃC | v      ad
```

(何枚かの板をその船に属している (= その船のものだ) と思う)

さて、完了不定詞を使った英語を受身にすると次のようになります。

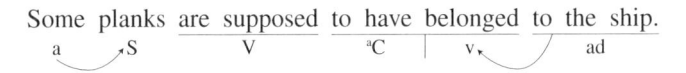

```
Some  planks  are supposed  to have belonged  to the ship.
   a     S        V            ᵃC  |  v           ad
```

(何枚かの板はその船に属していた (= その船のものだった) と思われる)

これから、are を削除すると supposed は「裸の過去分詞」になるので、過去分詞形容詞用法として some planks を修飾するようになります。

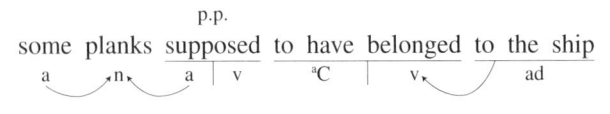

```
                        p.p.
some  planks  supposed  to have belonged  to the ship
   a     n       a         ᵃC  |  v           ad
```

(その船に属していた (= その船のものだった) と思われる何枚かの板)

これが問題文の形です。

⬛ 8 の設問の答え

supposed：前の品詞は形容詞、前の働きは名詞修飾
to have belonged：前の品詞は形容詞、前の働きは補語

help ＋ 名詞 ＋ 原形

```
                  原形           原形
9. Seeing a pet die helps a child cope with sorrow.
   S  | v    n  ᵃC|v   V    n   ᵃC|v      ad
```

（ペットが死ぬのを見ることは、子供が悲しみに対処するのを助ける）

　see は知覚動詞なので「see 名詞 原形（名詞が原形するのを見る）」という使い方ができます。see a pet die はこの形で「ペットが死ぬのを見る」という意味です。die は原形不定詞で、前の働きは補語です。Seeing は動名詞で、前の働きは helps の主語です。「Seeing ... helps ～」で「... を見ることは～を助ける」という意味を表しています。

　help は使役動詞で「help 名詞 原形」は「名詞が原形するのを助ける」という意味です。使役動詞といっても、help には「させる」という使役の意味はありません。補語に原形不定詞を使い、かつ知覚動詞ではないので「使役動詞」のグループに入れているだけです。なお、help は他の使役動詞（＝ make、let、have）とは異なり、補語に to 不定詞を置くこともできます。「help 名詞 to 原形（名詞が原形するのを助ける）」という形になります。意味は原形不定詞が補語の場合と同じです。

　そこで、help を使って次のような英語を作れます。

```
help a child cope with sorrow
 V   n   ᵃC|v      ad
```

（子供が悲しみを処理するのを助ける）

　この help の主語に動名詞（＝ Seeing）を置いたのが問題文です。

9 の設問の答え
Seeing：前の品詞は名詞、前の働きは主語
die：前の品詞は形容詞、前の働きは補語
cope：前の品詞は形容詞、前の働きは補語

```
       過去形         原形         原形    原形
10. He begged Annie to marry him and let him be a real father
    S    V     n   ᵃC|v   n   +  ᵃC|v  n ᵃC|v  a   n
    to the children.
        ad
```

（彼はアニーに、自分と結婚してくれ、そして自分を子供たちの本当の父親にしてくれと懇願した）

Lesson 8

「think 名詞 to 原形(名詞を原形すると思う)」「suppose 名詞 to 原形(名詞を原形すると思う)」の think、suppose のところに beg (懇願する)という動詞を置くと「beg 名詞 to 原形(名詞が原形するのを懇願する → 名詞に原形してくれと懇願する)」という表現を作れます。

問題文は、この表現の原形のところに marry と let という2つの原形動詞を置き、この2つを and でつないだのです。別の言い方をすると、to は marry だけについているのではなく、let にもついているのです。したがって、次のような関係になります。

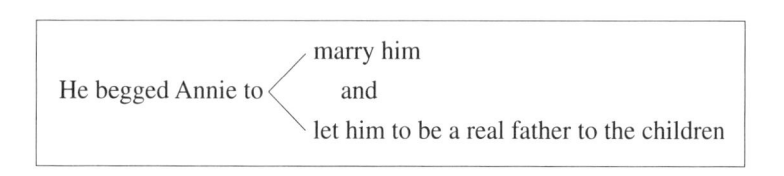

$$
\text{He begged Annie to} \begin{cases} \text{marry him} \\ \text{and} \\ \text{let him to be a real father to the children} \end{cases}
$$

let him be a real father は「彼が真の父親になるのを許す」という意味で、let は使役動詞、be は原形不定詞で、前の働きは補語です。

10 の設問の答え

to marry：前の品詞は形容詞、前の働きは補語
to let：前の品詞は形容詞、前の働きは補語
be：前の品詞は形容詞、前の働きは補語

11. This makes the sun seem to be going round us.
　　　S　　V　　　　n　　ªC│v　　ªC │ v　　　ad

(これによって、太陽は我々のまわりを回っているように見える)

make は使役動詞で、seem は原形不定詞・補語です。

the sun は生物ではないので、この make (させる)は「名詞に原形させる」ではなく「名詞が原形する状態を生じさせる」という捉え方をしたほうがうまくいきます。そこで、これでやると This makes the sun seem ～ は「これは太陽が～のように見える状態を生じさせている → これによって、太陽は～のように見える」という意味になります。

seem to be going は seem の補語に to be going という進行形不定詞の形容詞用法を置いたものです。

11 の設問の答え

seem：前の品詞は形容詞、前の働きは補語
to be going：前の品詞は形容詞、前の働きは補語

≫ 8-8 「S be to 原形」の2つの読み方

原形
12. To be guilty of prejudice is to let thinking be influenced by feeling.
　　S　v　ᵃC　　　　 ad　　　V　n｜v　　n　　ᵃC　｜　v　　ad

（偏見の罪を犯すことは、思考が感情によって影響されるのを許すことである）

　To be は不定詞名詞用法で is の主語です。is to let の部分は p. 116 で勉強した「助動詞 be to」のように見えます。そこでこの is to を「助動詞 be to」と捉えると「偏見の罪を犯すことが、思考が感情によって影響されるのを許すべきだ」となります。しかし、「思考が感情によって影響されるのを許す」のは普通は思考や感情の主体となる人間がやることであって、「偏見の罪を犯すこと」がすることではありません。むしろ「思考が感情によって影響されるのを許す」ことこそ「偏見の罪を犯すこと＝偏見をいだくこと」なのです。

　したがって、この文の is to let は「助動詞（＝ is to）＋述語動詞（＝ let）」ではなく「述語動詞（＝ is）＋不定詞（＝ to let）」という捉え方をすべきです。こうすると「偏見の罪を犯すことは思考が感情によって影響されるのを許すことである」となって完全に意味が通ります。to let は不定詞名詞用法です。

　let thinking be influenced は「let 名詞 原形」の原形に「受身の原形動詞（＝ be influenced）」を置いた形です。したがって be influenced は原形不定詞で、前の働きは補語です。

　なお、thinking と feeling は動名詞ではなく、それぞれ「思考」「感情」という意味の純粋な名詞です。

12 の設問の答え

To be：前の品詞は名詞、前の働きは主語
to let：前の品詞は名詞
be influenced：前の品詞は形容詞、前の働きは補語

>> あとがき

英文の解剖によって「読めなくなる」か？

「はじめに」で「英文を切り刻むと英文の味わいや美しさが失われてしまう」という批判を紹介しました。この他に「英文の解剖によって読めなくなる」という批判があります。それは次の3つです。

1. 読める人がかえって読めなくなる。
2. 速く読めなくなる。
3. 前から読めなくなる。

まず1.と2.の批判について考えてみましょう。
　英文の解剖は「英文を眺める新しい視点（＝品詞と働きの視点）」を獲得するための練習に他なりません。英文解剖学的素養のない人は英文を読むとき「意味の視点」からしか英文を見ていません。こういう人が「品詞と働きの視点」から英文を眺め始めれば、最初は時間がかかって遅くなるのは当然です。しかし、練習を積んで新しい視点から英文を眺めることに慣れてくれば、次第に速くなり、やがて元通りの速さで、しかも、もっと正確に読めるようになります。この「元通りの速さで、もっと正確に読める」がどういうことなのか詳しく説明しましょう。

英文解剖学的素養のある人は常に解剖を行っているわけではない

実は、英文解剖学的素養を身につけたからといって、英文を読むとき常に解剖を行っている（＝常に1語1語について品詞と働きを確認している）というわけではないのです。英文を読むときは意味だけを考えて、どんどん読み進んでいるのです。したがって、この点だけ見れば、英文解剖学的素養のない人が意味だけを頼りに読んでいるのと基本的に同じです。

しかし、英文解剖学的素養のある人は、同時に頭の片隅で「この読み方（＝意味の取り方）に即して英文の解剖を行っても特に破綻は生じないなあ」ということを意識しているのです（本当に習熟すると、この意識すらなくなってきます）。この状態のときは意識しているだけで、実際に英文の解剖は行っていません。これを別の角度から言うと、英文解剖学的素養のある人は「意味の視点」で英文を読みながら、同時に「品詞と働きの視点」からその読み方が正しいかどうかを常にモニターし

ている(=監視している)のです。

「英文の解剖をしないのに、どうして破綻していないことがわかるのか?」という疑問を持つ人がいます。ここはいわく言いがたいところで、「慣れと経験によるのだ」としか言いようがありません。熟練した医師は触診だけで患者の内蔵の状態をほぼ正確に推定します(X線検査やCTスキャンでその推定を確認するわけです)。これと同性質のことだと言えば、かなり実態に近いと思います。

品詞と働きの監視モニターに赤ランプがついたとき

こうして意味だけを考えて読み進んでいくうちに、この意識が破れるときがあります。そのときの気持ちを言葉で表現すると次のような具合です。

「あれっ! この読み方だと、英文の解剖を行ったら破綻するなあ」

こうなったとき、初めて英文の解剖を行う(=1語1語について品詞と働きを確認する)のです。解剖を行うと、悪いところ(=読み間違えている個所)がはっきりわかりますから、それに基づいて自分の読み方を修正するわけです。

ところで、「品詞と働きの視点」からの監視モニターに引っかかるときは、「意味の視点」からも「何か変だぞ?」と感じることが多いのです。こういうときは、「意味の視点」しか持っていない人も当然そこで止まって、自分の読み方を検討します。しかし、こういう人は1つの視点(=意味の視点)だけで眺めているので、なかなか誤りの本体に気がつかず、自分の読み方を修正することが困難なのです。

さらに、「意味の視点」からは何の問題もない(=「完全に意味が通っている」と感じている)ときに、「品詞と働きの視点」からの監視モニターに赤ランプがつくケースがあります。この場合は「意味の視点」しか持っていない人は誤りに気がつけず、そのまま通過してしまいます。しかし、「品詞と働きの視点」を持っている人は、監視モニターに引っかかったのですから、そこで止まって自分の読み方を検討し(英文の解剖を行って検討するのです)、自力で誤りに気がついて修正することができます。このケースは、後で「返り読み」について考えるとき具体的に検討します。

監視モニターに赤ランプがつかないのに、意味がおかしいとき

また逆に、品詞と働きの監視モニターには引っかからないのに、意味が通らないので、読み進むことができなくなるケースもあります。こういうときはもちろん意味が通るように読み方を修正するのですが、意味さえ通ればそれでいいとい

うものではありません。新しい読み方が英文解剖学的にも破綻しないことが正解の条件になるのです。このケースを具体的に考えてみましょう。

「We are sure that S + V.」は「我々はS + Vを確信している」という意味です。この場合の that は、本書では出てきませんが、従属接続詞という品詞です。つまり、英文解剖学的にいうと「We are sure + 従属接続詞の that + S + V」で「我々はS + Vを確信している」という意味を表すのです。そこで、次の文を見てください。

We are sure that man is mortal.

この文は「人間はいつかは死ぬということを我々は確信している」という意味です。このように読んで、意味的にも英文解剖学的(=構文的)にも何の問題も生じません。それでは次の文はどうでしょうか。

We are sure that man is dead.

これを上の文と同じように読むと、「人間は死んでいるということを我々は確信している」となります。この読み方は英文解剖学的(=構文的)には問題ありません。つまり「品詞と働きの監視モニター」には引っかからないのです。しかし、人間には死者もいれば生者もいるのですから、man is dead（人間は死んでいる）は、何かの隠喩（metaphor）ででもない限り、意味が通りません。そこで、読み方を変えなければなりません。

英文解剖学の次元(=品詞と働きの次元)で他の可能性を探ると、that の品詞を従属接続詞から形容詞に変更して、働きを名詞修飾(= man を修飾している)にする読み方が考えられます。すると that man is dead は「その男は死んでいる」という意味になります。これなら意味が通ります。

しかし、これでは We are sure の後に従属接続詞の that を置かずに、いきなり S + V をつなげたことになります。これで英文解剖学的に破綻しないかが問題です。これをクリアできなければ、この読み方は捨てざるをえないのです(こういう思考ができることが「英文解剖学的素養がある」ということなのです)。

そこで辞書を調べてみると「We are sure + 従属接続詞の that + S + V.」という表現は、従属接続詞の that を省略してもいい(= 書かなくてもいい)と書いてあります。これで英文解剖学的にも裏づけが取れました。We are sure that man is dead.

は「その男が死んでいることを我々は確信している」という意味に読むのが正しいのです。これを英文解剖学の用語でいうと「sure と that の間に従属接続詞の that が省略されており、that man の that は形容詞で man を修飾している」となります。

このように英文の解剖ができるようになった人は英文解剖学的視点から自分の読み方のモニタリングを常に行っているのです。しかし、実際の解剖は常に行っているわけではなく、必要なときに必要な限りで解剖を行うのです。

英文の解剖と読むスピードの関係

「新しい視点(=英文解剖学的視点=品詞と働きの次元で英文を捉える力)」を得るために英文解剖の練習をするときは、すべての語について品詞と働きを考えます。したがって、読むスピードは極度に遅くなります。このときは「英文を読む」というよりは「英文を解剖する」ことが目的になっているのですから仕方のないことです。

やがて上達してくると「英文解剖のスピード」は上がってきますが、依然として1語1語について品詞と働きを考える状態が続いているので、「読むスピード」は遅いままです。そこを我慢して練習を続けると、「不必要なことはやらない」という人間の自然な性向によって次第に「解剖しようと思えばできるが、実際に解剖はしない」という文が増えてきます。こうなるとしめたもので、どんどん読むスピードが上がってきます。

そして、やがて「基本的に意味だけを考えて読み、必要なときにだけ解剖を行う」という最終段階に至ります。この段階では「英文解剖学的素養が読むスピードを阻害する」などということは一切ありません。むしろ、英文解剖学的素養が自分の読み方を常にモニターしているので、自信を持ってどんどん読み進めることができるのです。

以上のような次第ですから、品詞と働きという新しい視点から英文を眺められるようになったことによって「それまで読めていた人がかえって読めなくなる」などということはありえないのです。本当に読めていた人(英文解剖学的素養なしに本当に読める人というのは極めて稀ですが)にとっては、英文の解剖は自分がこれまで無意識にやってきたことを言葉で確認しただけのことです。まして、「読める」と思い込んでいただけの人は、品詞や働きを考えることによって、自分の間違った思い込みに気がつき、本当に正しく読めるようになるのです。

あとがき

返り読みはそんなにいけないことなのでしょうか？

次に「前から読めなくなる」という批判について考えてみましょう。これは「英文は、意味のかたまりごとに区切って前から語順通りに読んでいくべきなのに、品詞や働きなどを考え出すと、後ろから返って読む習慣がついて、前から読めなくなる」という批判です。

この批判は「意味のかたまりごとに区切って」と、こともなげに言っていますが、「意味のかたまり」がわからないときはどうするのでしょうか？ また「意味のかたまり」と思ったものが実はかたまりではなかったとき(=読み間違えたとき)は、どうやってそれに気がつくのでしょうか？

品詞と働きの理解がない人は、ただただ意味だけを頼りに読んでいますから、「意味のかたまり」がわからないとき(=意味がとれないとき)は他に打つ手がありません。また「意味のかたまり」と思ったものが実はかたまりでなかったとき(=読み間違えた)ときは自分ではその間違いに気がつけません(自分では「意味のかたまりだ=意味が通っている」と思い込んでいるのですから、人から指摘されない限り間違いに気がつかないのです)。もう少し先まで読んで前後の文脈が成立しなくなったら(=「これでは意味が通らない」と感じたら)間違いに気がついて、意味のかたまりの区切り方を変更しますが、これこそ彼らが批判している「返り読み」そのものです。それに、人間はいったん思い込んだら、それを修正するのは困難ですから、意味だけを頼りにしていると、先まで読んでも前後の文脈が成立しなくなっていることに気がつかない(=「これでは意味が通らない」と感じない)ことのほうが多いのです。たとえば、次の英文を見てください。

The acrobatic feats used to make a circus audience gasp ...

この文を見た人は誰でも[The acrobatic feats / そのアクロバチックな妙技は / used to / 昔よくしたものだ / make a circus audience gasp / サーカスの観客にハッと息を呑ませることを]というように読みます。ここまでなら、それでいいのです。

それでは、gasp の後に were often performed high in the air in those days. と続いていたらどうでしょう？ 英文解剖学的素養のない人(=意味だけを頼りに読んでいる人)は[were often performed / しばしば演じられた / high in the air / 空中高いところで / in those days / 当時は]と読み進める(=前から語順通り読んでいく)だけで、gasp までの読み方を変更することなど思いもしません。したがって、次のような和訳を作って、他人から指摘されるまで、自分の間違いに気がつかないのです。

> そのアクロバチックな妙技は昔よくサーカスの観客にハッと息を呑ませたもので、当時はしばしば空中高いところで演技された。

　それに対して、英文解剖学的素養のある人(=表面からは見えない世界が見える人=品詞と働きと活用の次元で英文を捉えられる人)は were が目に入った瞬間に、自分が読み間違えたことに気がつきます。直ちに、used to make のところに戻って used と to make を切り離し、「make するために使われる」というように読み方を変更するのです。これを英文解剖学の用語でいうと「used to (過去形・助動詞) + make (原形・述語動詞)」から「used (過去分詞形形容詞用法) + to make (不定詞副詞用法)」に変更するのです(この変更のメカニズムは『英語リーディング教本』の p.249 以下で詳しく説明しています)。すると次のような和訳になります。

> **The acrobatic feats used to make a circus audience gasp were often performed high in the air in those days.**
>
> 　サーカスの観客にハッと息を呑ませるために使われるアクロバチックな妙技は、当時はしばしば空中高いところで演技された。

　以上の「読み方の変更」は「返り読み」ですが、これのどこが悪いのでしょうか？　一切返り読みをしないことを金科玉条として、誤読に誤読を積み重ねるくらいなら、返り読みをしてでも正しく読みたいと私なら思います。

英文読解を同時通訳と全く同じようにすることはできないのです

　「返り読み」を否定する人たちはよく「同時通訳」を引き合いに出します。同時通訳者は耳に入ってくる音声から次々に意味を汲み取っていきます。これと同じように、読む人は目に入ってくる文字から次々に意味を汲み取っていかなければいけないというのです。

　この主張は基本的に正しいと思います。しかし、同時通訳者には、話し手の発音とか強勢の置き方とかフレージングという、意味をとるうえで大事な手がかりがあります。ところが英文を読む人にはこれらの手がかりはありません。ですから、同時通訳と全く同じように英文を読むことはできないのです。

　たとえば、今の英文の場合、話し手は The acrobatic feats / used / to make...

のように区切りを入れ、しかも used を [júːzd] と発音してくれます。ですから熟練した同時通訳者は先を聞かなくても正しく意味をとるのです。しかし、印刷されると、これらの情報はすべて失われますから、どうしても「昔よく make したものだった」と読んでしまうのです。

　結局、返り読みを一切禁じることなどできないのです。後で間違いだと気がついて返り読みをして、自分の読み方を修正するのは避けられないし、必要なことだし、正しい態度なのです。

　いけないのは、必要もないところで、返り読みをすることです。英文解剖の練習をしているときは、すでに、意味がわかっている英文の解剖を行うので、そこだけ見ると、不必要な返り読みをしているように見えるときがあります。しかし、これは、やがて将来「必要な返り読み」ができる力を養うための練習として行っているのです。この練習を行ったことによって「返り読みという悪しき習慣がつく」などということはありません。これも「不必要なことはやらない」という人間の自然な性向によって、次第に必要なところでだけ必要な限りで「返り読み」をするようになるのです。

「前から速く読む」は目標でなく結果なのだ

　ここで、私自身の率直な感想を言わせていただければ、「英文を切り刻んではいけない」「英文を速く読まなければいけない」「英文を返り読みしてはいけない」という批判には、全くの初学者が次第に読めるようになり、やがて難解な英文も自力で読解できるようになっていく自然なプロセスに対するきめ細かい考察（＝実態を踏まえた考察）が欠けているような気がします。これらの批判にはどこか dogmatic な（＝教条主義的な）匂いを感じるのです。

　私は「英文を切り刻まないで読む」「英文を語順のままに前から読む」「英文を速く読む」というのは「目標」ではなく「結果」なのだと思います。私たちが目標とすべきことは、あくまでも「正しく読む」ということです。「正しく読む」という目標をかかげ、それに向かって、私たちの先人が血のにじむような努力によって確立してくれた道を一歩一歩着実に登っていく。その過程で、次第に英文を切り刻むことが減っていき、返り読みをしなくなり、結果的に速く正しく読めるようになっていく。私はこれしか道はないのだと思います。もちろん、途中で、なるべく前から読むようにし、スピードも上げるように心がけることは大事なことです。しかし、それを大目標にかかげるあまり、正しい勉強の道筋をはずしてしまっては本末転倒だと思うのです。

英文の解剖は「難しい」か？

　一般に、「英文の解剖は難しい」という定評があるようです。それに加えて、「こんな難しいことやらなくても英語はできるようになる」とか「こんな難しいことは学者になる人だけがやればいい」などと断言する、「英語のできる人」がたくさんいます。それで、いつのまにか「英文解剖＝難解・不要＝悪」という固定観念ができあがり、最初からそういう色眼鏡で見ますから、次のような解剖図を見せられると多くの人が「うわぁ～！　こんな難しいことできっこない」と即座に忌避する態度に出るのです。

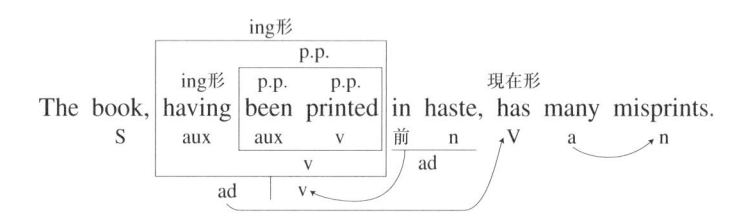

```
                        ing形
                    ┌─────────────────┐
                    │        p.p.     │
                    │  ┌───────────┐  │
              ing形 │  │ p.p.  p.p.│  │          現在形
The book,   having  been   printed    in haste,  has   many misprints.
   S         aux    aux      v       前    n     V      a      n
                    │        v       │   ad
                    └────────────────┘
                        ad    v
```

　しかし、これは本当にそんな難しいことでしょうか？「n: 名詞」「v: 動詞」「aux: 助動詞」「ad: 副詞」「p.p.: 過去分詞形」「S: 主語」といった記号を覚えて、1語1語丁寧に考えていけば、この解剖図に書いてあることは誰にでも容易に理解できることです。面倒くさいことは事実です。しかし「面倒くさい」のと「難しい」のは違います。「面倒くさい」だけであれば、時間をかけて努力すれば最後にはマスターできます。

　結局、英文の解剖を「難しくてできない」と言っている人は、最初から「英文の解剖＝難解・不要」という色眼鏡で見て、「面倒くさい」ことをやらないですます口実に「難しい」と言っているだけなのです。

　私は大学生のころ、頼まれて近所の中学1年生になる男の子に3月から英語の手ほどきをしたことがあります。当時は、小学校で英語をやるようなことは一切なかったので、彼は英語というものを全く知らず、生まれてはじめて近所のお兄さんに英語を習ったのです。

　彼には先入観がありませんから「英語というのはこういう風に勉強するんだよ」と言われて、品詞に分類することを指示されれば、その通りやり、動詞と助動詞は活用を考えなさいと言われれば、必ず活用を考える、という具合で、何の疑問も感ぜず、素直にこちらの言う通りに勉強してくれました。もしかしたら内心「面倒くさい」くらいのことは思ったかもしれませんが、特に難しいことは何もあり

ませんから、嫌がらずに毎週1回日曜日のレッスンに通って、たちまちのうちに英語の仕組みをマスターしてしまいました。結局、彼は中学のうちに英検2級に合格し、その後大学に進学するまで、英語には何1つ困らなかったそうです。

　このように、「難しい」とか「不要だ」という先入観のない人は、英文の解剖にアレルギーがありませんから、何の抵抗もなく受け入れて、容易にマスターしてしまうのです。

英文解剖学の勉強は覚悟しだいです

　さきほど、私は「時間をかけて努力すれば最後にはマスターできます」と言いました。それでは、英文解剖学的知識を身につけるのにどれだけの時間と努力を必要とするのでしょうか？

　人生80年。そのうち、一生懸命努力して30年かかるというのなら、いくら大事だ、効果がある、本当の力がつくと言っても、それだけの時間を投入してやる価値があるか否か疑問です。しかし、英文解剖学の勉強はたかだか数ヶ月です。これで、一生続く英語とのつきあいの基盤が確立するのです。それを、ささいなことであげつらい、「難しい」「不要だ」「面倒だ」「やりすぎだ」などと文句をつけてやらない。私は、はなはだ不見識だと思います。

　私は予備校で、中学を終えた後、通信教育で高校を卒業し、働きながら国立の医大を目指している20歳代後半の男性を教えたことがあります。ちゃんとやっているか(サボっていないか、ということではなく、ちゃんと身についているかということ)を私が検定してあげるから、毎週私のところにきて、質疑応答をうけること(これは、私が質疑して、彼が応答するのです)という約束で、一緒に『英語リーディング教本』の勉強を始めたことがあります。

　彼は毎週「練習用英文」10題のペースで学習し、4週間で完全に(=これは著者がお墨付きを与えたという意味です)『英語リーディング教本』の内容をマスターしてしまいました。その間わずか1ヶ月です。『英語ベーシック教本』だ、『英語リーディング教本』だ、といってもその程度のことなのです。数学の微分・積分や物理、化学に比べたら子供だましのようなものです。

　また、全盲の受験生を指導したこともあります。ボランティアの方にテキスト(『英語リーディング教本』のエッセンス)を全部点訳してもらい、それを指読しての勉強です。教室では、携帯用の点字タイプライターを持参して、私が板書を彼のために読み上げるのを入力してノートするのです。

　それで、『英語リーディング教本』の内容を身につけて、晴眼者のわずか1.5倍

の試験時間しか貰わずに、点訳された英語の長文読解問題にいどむのです。彼には一生かけてやりたい目標があって、そのためにはどうしてもその大学に入る必要があったのです。努力の甲斐あって、見事に志望校に合格しました。

　目標があって、それに向かって真剣に努力する人にとっては、『英語ベーシック教本』だの『英語リーディング教本』だのは何ほどのこともありません。早ければ1ヶ月、普通にやっても数ヶ月でやり終えて、習得してしまうのです。彼らには「美しさが感じ取れなくなる」だの「かえって読めなくなる」だの「読むのが遅くなる」だの「返り読み」だの「やりすぎ」だの「くどすぎる」だの「不要」だの「邪道」だのと評論家みたいなことを言っている暇はないのです。こんな程度のことはさっさと身につけて、大学入試レベルの英文をどんどん読まなければならないのです。

　こんなことを言うと、今の若い人の中にはひるんでしまう人もいるかもしれません。でも逆に、私のこの「あとがき」を読んで「よ〜し、俺もやってやるぞ（私もやってみるわ）!」と発奮する人もきっといると思います。私はそういう人に、大袈裟な言い方ですが、日本の将来を期待したいと思います。

英文解剖学の勉強は急ぐ必要はない

　いささか厳しいことを申しましたが、年寄りにありがちな「わしの若いころは...」「今どきの若いものは...」風の過剰な叱咤激励と思ってご勘弁ください。

　皆さんは本当は少しも急ぐ必要はないのです。自分のペースで着実に勉強していけばよいし、わからないところがあっても少しも恥ずかしいことはないのです。私はいつも教室でこう言います。

「指名されて間違えたり、わからなかったり、考え込んだりするのは少しも恥ずかしいことではない。『間違えました』『どうしてもわかりません』『少し考えさせてください』と元気よく言えばいいのです。恥ずかしいのは、質問に答えようとする努力を放棄して、何の発言もせず、下を向いて、早く別の人に質問がいってくれないかなあと待つ、その態度です」

　わからなければ、何度でも読み返して、練習すればよいのです。それでどうしてもわからなければメープルファーム出版部のサイト（http://www.va.rosenet.ne.jp/~maple/）を通して私に質問のメールを下さい。できるだけお答えしたいと思います。

>> 英文再録

「本書の勉強法」で次のように書きました。

本書が養成しようとしている力は次の3点です。
1. すべての語および語群の「品詞」が言える。
2. 主語、補語、前置詞の目的語、修飾の「働き」をしている語および語群を指摘できる(ただし、名詞が補語の働きをしているケースはのぞく)。
3. すべての動詞および助動詞の「活用」が言える。

この3点に次の力を加えて4点にします。

4. すべての英文の「意味」が言える。

　以上の4点を本書に収録されているすべての英文について言えるようになるためには、本書を読んでいるだけではだめです。練習をしなければなりません(何度読み返しても、読んでいるだけで練習をしなければこの4つの力はつきません)。「英文再録」はこの練習をするためのページです。
　「練習」は英文再録に載っている英文を見て、[和訳→品詞→活用→働き]を口で言っていきます。つっかえたら考えます。考えてもわからなければ、英文の末尾に書いてあるページを開いて、答を確認します。確認したら、英文再録の英文に戻って口で言ってみます。これを繰り返して、全英文について4点をすらすら口で言えるようになったら、本書の勉強は終わりです。次は『英語リーディング教本』に進んでください。
　No. 80の英文を例にとって練習の要領を示します。

80. You shouldn't speak ill of a man behind his back.

人のかげ口を言ってはいけない / You は(名詞で)主語 / should は助動詞・過去形 / not は(副詞で) speak にかかる / speak は動詞・原形 / ill は(副詞で) speak にかかる / (of は前置詞 / man は名詞で前置詞の目的語) / of a man は(副詞句で) speak にかかる / (behind は前置詞 / his は形容詞で back にかかる / back は名詞で前置詞の目的語) / behind his back は(副詞句で) speak にかかる。慣れてきたら(　)の中は言わなく

てもかまいません。

　もう一つ、No. 136 の英文でやってみましょう。

136. The book, having been printed in haste, has many misprints.

その本は、急いで印刷されたので、たくさんの誤植がある / book は(名詞で)主語 / having は助動詞・ing 形 / been は助動詞・過去分詞形 / printed は動詞・過去分詞形で使い方は受身 / been printed は動詞・過去分詞形で使い方は完了 / having been printed は動詞・ing 形で使い方は分詞構文、前の(品詞は副詞で)働きは has にかかる / (in は前置詞 / haste は名詞で前置詞の目的語) / in haste は(副詞句で) having been printed にかかる / has は動詞・現在形 / many は(形容詞で) misprints にかかる / misprints は名詞。

1. That wine became sour. (013)
2. They study abroad. (027)
3. Those people speak English very fluently. (027)
4. I thought the man a fine gentleman. (028)
5. John speaks several languages. (029)
6. Your beautiful letter moved me very deeply. (029)
7. The interviewer asked rather superficial questions. (030)
8. We believe Tom an honest boy. (030)
9. The children behaved very well. (030)
10. They signed a peace treaty. (030)
11. Everybody makes careless mistakes sometimes. (030)
12. I received your letter yesterday. (031)
13. He satisfied all his basic needs. (031)
14. Her strange costume attracted our attention. (031)
15. The budget committee took every possible measure. (031)
16. We felt differently. (033)
17. We felt hungry. (033)
18. God is. (035)
19. Then I was there. (035)

20. There were many apples there. (035)
21. The music was very beautiful. (036)
22. I was a baby then. (036)
23. That town was culturally barren. (038)
24. Horses are useful animals. (038)
25. Nowadays computers are everywhere. (039)
26. There is an iceberg dead ahead. (039)
27. Their political opinions differ greatly. (039)
28. Their political opinions are utterly different. (039)
29. John resembles his famous ancestor. (039)
30. The two paintings are curiously similar. (040)
31. He found the book easily. (040)
32. He found the book easy. (040)
33. His sister is very pretty. (040)
34. She sang pretty well. (041)
35. This instrument sounds well. (041)
36. His statement sounds true. (041)
37. The view is morally sound. (041)
38. His company published several monthly magazines. (041)
39. His company edited several magazines monthly. (042)
40. This magazine is an informative monthly. (042)
41. I do not like music. (045)
42. Do you like music? (045)
43. I can drive that car. (046)
44. I cannot drive that car. (046)
45. Can you drive that car? (046)
46. They are early risers. (046)
47. They are not early risers. (047)
48. Are they early risers? (047)
49. You must speak more clearly (048)
50. Why need he work? (048)
51. He ought to be here. (049)
52. He ought not to be here. (050)

53. Ought he to be here? (050)
54. May I put away the book? (050)
55. You had better leave now. (051)
56. You had better not leave now. (051)
57. Had I better leave now? (051)
58. The water at the bottom of the pan became warm. (055)
59. Many blossoms shone in hedges and gardens. (056)
60. All his life he lived in London. (057)
61. He went there two years ago. (058)
62. The child is two years old. (058)
63. By means of the refrigerator we can eat the fruits of autumn at any time of the year. (060)
64. At one side is an older child, and at the other side is a younger child. (060)
65. At what hotel did you stay in Kyoto? (060)
66. It may rain before evening. (061)
67. You must keep in touch with the times. (061)
68. You must keep quiet for a few days. (061)
69. Passengers must not lean out of the windows. (062)
70. For your safety in time of thunder and lightning, don't take refuge under a tree. (062)
71. Take refuge under a tree. (063)
72. Don't take refuge under a tree. (063)
73. They will consider this book of great value to them. (063)
74. Those things are of use. (064)
75. The policy is of great importance. (065)
76. They will consider this book extremely valuable to them. (065)
77. Shall I carry the box into the house next time? (065)
78. He came thirty minutes behind time. (066)
79. He came well behind time. (066)
80. You shouldn't speak ill of a man behind his back. (066)
81. There used to be a cinema here before the war. (067)
82. We have to take the bus and then change to another one. (067)
83. They study abroad. (085)

84. Her eyes fell on an old book. (085)
85. It marks the end of one era in human history and the beginning of another. (086)
86. These successes established his reputation as a writer. (088)
87. We may call him a failure, but we must learn sincerity from him. (090)
88. A great man doesn't care about trifles. (092)
89. Readers should base their judgment on the facts. (093)
90. George read the letter to all his friends. (093)
91. Read the letter aloud. (094)
92. The women in those days spent much money on a corset very much like the ones in use today. (094)
93. A hunter lost his way in a snowstorm and bivouacked in a snowdrift. (095)
94. A hunter lost in a snowstorm bivouacked in a snowdrift. (095)
95. His remains lie in the cemetery. (096)
96. His past remains a complete riddle to us. (097)
97. He has spent all his money. (101)
98. It can't have been true. (102)
99. He was given a book by his father. (104)
100. Japan is entering upon a new era. (106)
101. All motor cars should be tested regularly for safety. (108)
102. Human bones have been found with those of animals in the cave. (108)
103. The inscription had been lying there for a thousand years. (110)
104. The patient was being carried to the surgery. (111)
105. His house may have been washed away by the tsunami. (112)
106. They must have been waiting a long time, then. (112)
107. During my ten years of close association with Tom we had never had an argument. (114)
108. Cars must not be parked in front of the entrance. (114)
109. In those days organ transplants were not yet being conducted. (114)
110. He is being willfully blind to the realities of the situation. (115)
111. Japan's first railway service was to have opened in October. (116)
112. He is to come tomorrow. (116)

113. You are not to use my computer. (116)
114. Stars are to be seen at night. (116)
115. He was to have arrived at 5. (117)
116. I got appendicitis and had to be rushed to the hospital. (117)
117. This house can't have been repaired for years. (117)
118. Some good fairy must have been protecting me. (118)
119. I know the man driving that car. (120)
120. Driving that car is difficult. (123)
121. Driving that car, he fell asleep. (123)
122. He is driving that car. (124)
123. I was thinking of being transferred from a branch office to headquarters. (126)
124. He was elected president of the university being built at Sendai. (127)
125. Look at that dancing girl. (128)
126. Keeping the man waiting outside, she did her shopping. (128)
127. We must keep this room clean. (129)
128. A refrigerator keeps food fresh. (129)
129. Keep the stove burning. (129)
130. She kept the man waiting outside. (129)
131. She objected to keeping the man waiting outside. (130)
132. What is the name of the woman keeping the man waiting outside. (130)
133. It means a lot to me seeing you every week. (131)
134. Seeing you every week means a lot to me. (132)
135. I regret not having taken your advice. (132)
136. The book, having been printed in haste, has many misprints. (134)
137. Evanston is one of the fast growing satellite cities surrounding Chicago. (136)
138. Our job was weeding the garden. (136)
139. Sitting here in the sun, I still feel myself shivering with cold. (137)
140. What is it like being married? (138)
141. The woman is like an angel. (138)
142. What is the woman like? (139)
143. He is married with two children. (139)

英文再録

144. It depends on the voltage being produced. (140)
145. The voltage is being produced. (140)
146. He bought it secondhand, being of an economical turn of mind. (141)
147. He is of an economical turn of mind. (142)
148. She can't stand being kept waiting so long. (142)
149. The man is kept waiting so long. (142)
150. I must apologize for not having written to you for such a long time. (144)
151. I must apologize for not having written to you the next day. (144)
152. Having been caught in a traffic jam on my way, I was late for school. (145)
153. Bill is annoyed at not having been included in the tennis team. (146)
154. The man was given a book. (151)
155. What is the language spoken in Brazil? (153)
156. The language is spoken in Brazil. (154)
157. Is the language spoken in Brazil? (154)
158. Why is the language spoken in Brazil? (155)
159. What is the language spoken in Brazil? (155)
160. Among the guests invited to the party were some ladies. (156)
161. Written in an easy English, this book is suitable for beginners. (157)
162. The soldiers took a rest at previously chosen points. (158)
163. They seemed satisfied with the result. (158)
164. She seems happy. (159)
165. She seems disappointed. (159)
166. Articles made in this way cannot be mass-produced. (161)
167. The newly discovered element was named radium. (161)
168. Caught in a heavy shower, he took shelter under a big tree. (162)
169. At the moment of the assault, I saw two hostages killed by a missile hit from a helicopter. (163)
170. I saw a man crossing the street. (164)
171. I saw a man living on the story above me. (164)
172. I saw a man caught by a police man. (165)
173. I saw a man called Tom. (165)
174. "Taiyaki" is a unique Japanese pastry shaped like a red snapper and having a

pancake-like outer shell filled with sweetened bean paste. (166)
175. Jack's car, badly driven by a hired chauffeur, left the road. (166)
176. The Italian scored their only goal on a penalty kick awarded on a very obvious foul committed by a Chilean back. (167)
177. I don't mind being offered instruction, but I resent having it shoved down my throat. (168)
178. I had the door half open. (168)
179. He had his shoes shined. (169)
180. My friend had his watch stolen. (170)
181. I had the instruction shoved down my throat. (170)
182. How is the work going to be allocated among the competing companies? (173)
183. To see you is always a great pleasure. (173)
184. He has an earnest wish to go abroad. (173)
185. She seemed to be trembling. (174)
186. Yesterday John came to see you. (174)
187. We must be careful not to be deceived by others. (175)
188. I am proud to have been able to help you. (175)
189. To have been accused was very bad. (176)
190. It is necessary to make a correction. (176)
191. You left the door open. (176)
192. I left him standing in the street. (176)
193. The war left the countryside devastated. (177)
194. They left the man to do all the dirty work. (177)
195. He ordered the gate to be locked. (178)
196. We felt the house shake. (179)
197. The commander made the officer leave the room. (179)
198. I pretended to be reading the paper. (181)
199. The needles used to inject heroin and cocaine are spreading AIDS. (181)
200. Congress passed a law letting the president do it and providing money. (181)
201. Congress let the president do it. (182)
202. His achievement was considered too insignificant to be mentioned in the

press. (183)
203. Sustained by the strong desire to learn these men were not content to ask idle questions. (183)
204. It is dangerous to have him carry it upstairs. (184)
205. To hear him play the violin, everybody would think him to be a genius in music. (184)
206. I thought her very attractive. (185)
207. I thought the book to belong to Mary. (185)
208. Some planks supposed to have belonged to the ship have been picked up. (185)
209. Some planks are supposed to have belonged to the ship. (186)
210. Seeing a pet die helps a child cope with sorrow. (187)
211. He begged Annie to marry him and let him be a real father to the children. (187)
212. This makes the sun seem to be going round us. (188)
213. To be guilty of prejudice is to let thinking be influenced by feeling. (189)
214. We are sure that man is mortal. (193)
215. We are sure that man is dead. (193)
216. The acrobatic feats used to make a circus audience gasp were often performed high in the air in those days. (196)

≫ 本書終了後の英語の勉強について

　英語の基本であるにもかかわらず、本書で扱っていない事項が3つあります。それは次の3つです。

1. 動詞の働き
2. 名詞の働きのうち「動詞の目的語」と「補語」
3. 従属節

　この3つのうち、特に「動詞の働き」を勉強すると、本書を勉強してもまだ残っているモヤモヤ(=本書では答えの押しつけ、あるいは他からの類推ですませた部分)が解消して、本当にすっきりします。
　この3つはすべて、本書の続編である『英語リーディング教本』で詳しく説明しています。本書の内容と『英語リーディング教本』の内容は重複している部分が相当あります。したがって、本書を終了した方は、楽に『英語リーディング教本』の勉強をすすめることができます。せっかく始めた英文解剖学(=英語構文)の勉強です。ぜひ『英語リーディング教本』に進んでさらに力を伸ばしてください。
　なお、私の講義を録音した『CD ブック・英語構文のエッセンス Stage-1〜3(メープルファーム出版部刊)』という教材があります。これのStage-1は『英語リーディング教本』の内容と同じです。活字だけでは習得が難しい方はこちらの教材で勉強するのがいいでしょう。
　それから『英語リーディングの秘密』という本は『英語リーディング教本』の理論部分だけをまとめたものです。『英語リーディング教本』とは少し違う角度から説明していますので、あわせてお読みになるとよりいっそう理解が深まると思います。

索引 index

【あ行】

アポストロフィ　045
1人称　086
一般助動詞　071, 090
一般的な人　061, 067
一般動詞　037, 071
意味上の主語　121, 127, 182
受身　104, 111, 112, 150
受身完了不定詞　176
受身形　105
受身進行形　111, 127
受身動名詞　168
受身不定詞　175, 183
後　120, 121
後の働き　121
後の品詞　121

【か行】

かかる　012
過去完了　101, 114
過去完了形　110
過去完了進行形　110
過去形　089
過去分詞形　089
過去分詞形の4つの可能性　150
過去分詞形容詞用法　150, 158, 160, 161, 165, 166, 186
過去分詞の分詞構文　150
学校文法　050, 068, 105, 107, 109
活用　035, 075, 077, 079
仮定法現在　172
仮主語　131, 132
冠詞　027, 028

冠詞と修飾の関係　161
完了　101, 112, 150
完了形　101, 102, 112, 113, 116, 118, 132, 134, 145
完了現在分詞形容詞用法　133
完了進行形　113
完了動名詞　133, 134, 144, 146
完了不定詞　108, 175, 186
完了分詞構文　133, 134, 145
規則活用　078, 079
着物を着ている　089
着物を着ている ing　125, 140
着物を着ている p.p.　152
疑問形容詞　048, 049, 061
疑問詞　047, 048, 155
疑問代名詞　048, 049, 155
疑問副詞　048, 049, 154, 155
疑問文　044–047, 051
距離の it　061
クエスチョンマーク　045
形容詞　010, 012, 014
形容詞句　052
形容詞修飾　015
原形　035, 044, 085, 172
原形動詞が使われる5つのパターン　165
原形不定詞　178, 179, 181, 184, 187, 189
現在完了　101, 109
現在完了受身形　108, 109
現在完了形　114
現在形　089
現在分詞　125, 157
現在分詞形容詞用法　122, 125, 128–130, 136, 137, 141

現在分詞の分詞構文　123
構成単位　075, 077
構造上の主語　120, 123, 128, 157
肯定命令文　063
語順　019, 034

【さ行】
3単現のs　086, 093, 094
3人称　086
使役動詞　179, 181, 182, 184, 187, 188
時間のit　061
辞書の捉え方　050, 105, 107–113, 115
修飾　012
主語　026, 120
述語動詞　088–090, 120
受動態　105
準動詞　088, 120, 121
準動詞を否定するnot　144, 146, 175
状態を表す語　031
状態を表す動詞　040, 067
助詞　018, 019
助動詞　044
助動詞 be to　116, 117, 189
助動詞 do　092
助動詞 have to　117
助動詞の一部＋述語動詞　172
助動詞の活用　080
助動詞の識別　047
所有格　022
所有代名詞　096
進行形　106, 112, 125, 126
進行形の活用　107
進行形不定詞　124, 126, 174, 188
真主語　131, 132, 140, 184
前置詞　019, 051, 052
前置詞句　054, 055
前置詞の like　094
前置詞の目的語　052

前置詞＋名詞Ｖ＋Ｓ　157

【た行】
代名詞　021
代名詞の所有格　023
短縮形　045–047
単数　086
知覚動詞　179, 187
定冠詞　027, 087
天気の it　061
等位接続詞　056, 060, 068, 095
同格の of　060
道具概念　048
動作を表す動詞　067
動詞　011
動詞修飾　015
動詞の働き　152, 155, 157, 159, 168
倒置　157
倒置形　035
動名詞　123, 125, 126, 131, 137, 140, 144, 146, 187, 189
動名詞を否定するnot　134

【な行】
2人称　086
人称　086
能動形　105
能動態　105, 116

【は行】
裸　089
裸の ing　125–130, 137, 139–143, 182
裸の p.p.　150–153, 155, 167, 159
裸の過去分詞　094, 150, 186
裸の現在分詞　126
裸の不定詞　179
働き　008
否定文　044, 051

否定命令文　063
非人称の it　061
品詞　009
不規則活用　078, 079
副詞　014, 015
副詞句　052
副詞修飾　015
副詞的目的格　057, 065, 066, 131, 132
複数　086
複数形の s　018
付帯状況　131
不定冠詞　027
不定詞　172
不定詞形容詞用法　173, 176–178, 181, 185
不定詞副詞用法　173–175, 181, 185
不定詞名詞用法　173, 184, 189
文　026, 085, 120
分詞　158
分詞構文　123, 125, 130, 131, 134, 142, 145, 150, 157, 163, 183
文修飾　052
文法　156
文法用語　049
補語　013, 014, 032, 036, 056
補語（＝名詞）　036

【ま行】

前　120, 121
前の働き　121
前の品詞　121, 139
未来　063
未来形　064, 083
無意志　169
名詞　010, 011
名詞修飾　013, 014
名詞の働き　022
名詞＋名詞　028, 115
名称　057

命令文　063, 128

【や・ら行】

誘導副詞の there　035, 036, 039, 067
理念型　072

【アルファベット順】

adjective　012
adverb　014
aux　045
be being 形容詞　115
be going to　173
be p.p.　150
be to　117
be to（＝助動詞）　116, 117, 189
be, have 以外の助動詞　051
be 助動詞　037, 103
be 動詞　035, 037, 071
been p.p.　176
beg 名詞 to 原形　188
being p.p.　127, 141
can　044
can't have p.p.　102, 117
can't 完了形　102
cannot　046
complement　013
consider 名詞 形容詞　065, 183
depend on ～　140
do　044, 092
feel 名詞 –ing　137
find 名詞　040
find 名詞 形容詞　040
Frame of Reference　109
had better　051
had had　114
had p.p.　110
have been –ing　118
have p.p　118, 132, 150, 175

index

have to（＝助動詞） 067, 068, 117	seem 形容詞　159, 174
have 名詞 過去分詞　168, 169	shall　063, 083, 084
have 名詞 形容詞　168	Shall I . . . ?　065, 084
have 名詞 原形　184	should　044, 066, 093, 108
have 助動詞　100	sound 形容詞　041
having p.p.　132, 133	speak ill of ～　067
he　023	stand 名詞　143
hear 名詞 原形　184	subject　026
help 名詞（to）原形　187	suppose 名詞 to 原形　185, 188
him　023	there（＝誘導副詞）　035, 036, 039, 067
in use　095	think 名詞 to 原形　188
ing 形　122	think 名詞 形容詞　185
ing 形の動詞の可能性　133	to be —ing　124
it（＝非人称）　061	to have been p.p.　176
keep 形容詞　061	to have p.p.　175, 176
keep 名詞 形容詞　129, 130	to 不定詞　172, 179
leave 名詞 形容詞　176, 177	too ～ to 原形　183
let 名詞 原形　181, 189	used to　067
like（＝前置詞）　094	verb　011
make 名詞 原形　179, 181	was to have p.p.　116
may　044, 050, 061, 091	well　066
may have p.p.　112	were to have p.p.　116
must　048, 061, 091, 112	will　063, 083
must have been —ing　118	write to 人　145
must have p.p.　113	
need　048	
noun　011	
of　060, 064, 141	
of use　095	
ought to　044, 049, 050	
out of　062	
p.p.　102	
pretend 名詞　181	
S be —ing　136	
S be to 原形　189	
see 名詞 —ing　163	
see 名詞 過去分詞　165	
see 名詞 原形　187	

英語ベーシック教本
     えいご   きょうほん

2006年3月15日　初版発行

■著者
薬袋善郎
© Yoshiro Minai, 2006

■発行者
関戸雅男

KENKYUSHA
〈検印省略〉

■発行所
株式会社　研究社
〒102-8152　東京都千代田区富士見2-11-3
電話　営業 03-3288-7777(代)　編集 03-3288-7711(代)
振替　00150-9-26710
http://www.kenkyusha.co.jp/

■印刷所
研究社印刷株式会社

■装丁
清水良洋＋西澤幸恵（Push-up）

■本文レイアウト
古正佳緒里

ISBN4-327-45197-5　C1082　Printed in Japan

研究社の本
http://www.kenkyusha.co.jp

The proof of the pudding is in the eating.
プディングがおいしいかどうかはまず食べてみることである

物は試し
Let's have a try anyhow./
Try and see.
何事も最初から駄目だと諦めるのではなく、とにかく一度は勇気を出して挑戦してみることが大事である。

<『和英・日本ことわざ成語辞典』(研究社刊) p.584より>

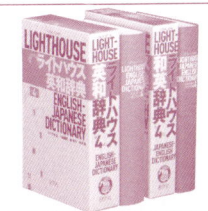

基礎から入試まで！収録語数6万2千。
ライトハウス英和辞典 第4版
定価3,045円（本体2,900円＋税） ISBN4-7674-1504-7

ライティングに、会話に、最強のツール！収録語数約4万。
ライトハウス和英辞典 第4版
定価3,045円（本体2,900円＋税） ISBN4-7674-2213-2

収録語数約10万語。
大学入試から各種英語検定受験者に最適の辞典。
ルミナス英和辞典 第2版
定価3,360円（本体3,200円＋税） ISBN4-7674-1531-4

明解な語法と約10万の最新語彙。
入試・実用に広く使える。
ルミナス和英辞典 第2版
定価3,570円（本体3,400円＋税） ISBN4-7674-2229-9

総収録語数10万語。累計で1200万部を超える本格派辞典！
新英和中辞典 第7版
並装 定価3,360円（本体3,200円＋税） ISBN4-7674-1078-9
革装 定価5,250円（本体5,000円＋税） ISBN4-7674-1068-1

携帯版和英辞典最大級の18万7千項目！
新和英中辞典 第5版
並装 定価3,780円（本体3,600円＋税） ISBN4-7674-2058-X
革装 定価5,565円（本体5,300円＋税） ISBN4-7674-2048-2

収録項目26万。最大級の語義・用例を収録した「真の大英和」！
新英和大辞典 第6版
並装 定価18,900円（本体18,000円＋税） ISBN4-7674-1026-6
背革装 定価22,050円（本体21,000円＋税） ISBN4-7674-1016-9

堂々の48万項目。最新・最大・最強の和英辞典！
新和英大辞典 第5版
並装 定価18,900円（本体18,000円＋税） ISBN4-7674-2026-1
背革装 定価22,050円（本体21,000円＋税） ISBN4-7674-2016-4

研究社の本
http://www.kenkyusha.co.jp

■新刊■今度は翻訳業界・SF業界を赤裸々にメッタ斬り!?
特盛!SF翻訳講座
——翻訳のウラ技、業界のウラ話
大森 望 著
四六判 260頁／1,890円(本体1,800円+税)／ISBN4-327-37696-5
『文学賞メッタ斬り!』『現代SF1500冊』の著者が、類書が教えてくれない「翻訳の秘密」を大公開。SFマガジン連載中から物議を醸した幻の名コラムがついに甦る!

■名訳のみが歴史を作っていくわけではない
翻訳街裏通り——わが青春のB級翻訳
井上 健 著／ウノ・カマキリ イラスト
四六判 244頁／1,995円(本体1,900円+税)／ISBN4-327-37682-5

■やさしいのに深みのある絵本の言葉の世界へ、ご案内します。
絵本翻訳教室へようこそ
灰島かり 著
A5判 172頁／1,890円(本体1,800円+税)／ISBN4-327-45189-4

■英米小説が読める(Read)。翻訳がわかる(Translate)。
現代英米小説で英語を学ぼう
——Read and Translate
上岡伸雄 著
四六判 178頁／1,785円(本体1,700円+税)／ISBN4-327-45171-1

■翻訳はいかにあるべきか? 理想的な翻訳とは何か?
創造する翻訳——ことばの限界に挑む
中村保男 著
四六判 244頁／2,100円(本体2,000円+税)／ISBN4-327-45146-0

■例を多く見せながら実践的・具体的に指導
翻訳の技法——英文翻訳を志すあなたに
飛田茂雄 著
四六判 200頁／1,785円(本体1,700円+税)／ISBN4-327-45122-3

■翻訳辞典の決定版!!
新編英和翻訳表現辞典
中村保男 著
四六判 840頁／5,670円(本体5,400円+税)／ISBN4-7674-3009-7

■好評!! 重版■ベテラン通訳者が通訳技術のすべてを公開
通訳の技術
小松達也 著
A5判 182頁 CD1枚付／2,310円(本体2,200円+税)／ISBN4-327-45191-6
通訳者の訓練法および通訳者になるための勉強法を具体的に提示。CDには生のスピーチとモデル通訳を収録。

■新刊■英語らしく聞こえるため
通じる英語の発音ドリル
手島 良 A5判 102頁 2色刷 CD付／1,5
通じる英語のための「強勢」あるいはえるための<秘密>のテクニックを類書に

■好評!!重版■r と l、th は こ れ で 完
英語舌のつくり方
野中 泉 A5判 136頁 CD 1枚付／1,575
さほど専門的な用語を使わずに音に近づけるためのテクニック

シリーズ120万部突
■CDブックになって新登場!!
必ずものになる 話す
市橋敬三 各巻 四六判 148～156
「英文法を知っているだけでなく、使黄金のメソッドはそのままに、言えそう入れ換えた。Step 1 ~ 4の4冊でH すべてまかなえる。各巻音読CD1枚

Step 1 [入門編Ⅰ]
◎こんな例文も文法テーマ別に登場、型テレビを持っています。 This co ンは安いんです。 She thinks fas

Step 2 [入門編Ⅱ]
◎こんな例文も文法テーマ別に登場、末っ子なんです。 Is Bill on the She doesn't wear any makeup.

Step 3 [初級編Ⅰ]
◎こんな例文も文法テーマ別に登場、彼女はリバウンドしてきてね。 Pleaと社交的になってください。 I don Right. 私は理想の人に会うチャンス

Step 4 [初級編Ⅱ]
◎こんな例文も文法テーマ別に登場、good boss. いい上司になることにpower-hungry than me. 彼は私よm proud of it. それは私が誇りにして

■好評!! 重版■英文法の疑問を解
英文法のカラクリ
佐久間 治 著 A5判 200頁／1,470円
語源の知識を材料に英文法のに解き明かす

■知りたい表現がすぐ分かる
《テーマ別》すぐ使える 英文ライティ
小林雅之、ガリー・ハント 著
A5判 272頁／1,680円(本体1,600円

秘密兵器>

想でマスターする強勢・アクセント

本体1,500円+税)／ISBN4-327-44085-X
セント」をテーマにして、英語らしく聞こ
ったく違うアプローチでご紹介します。

『超』具体的なテクニック満載!

ネイティブはこう発音していた!

1,500円+税)／ISBN4-327-44084-1
て平易に「かぎりなくネイティブの発

<全面改訂版>

めの英文法《全4巻》

1枚付／1,470円(本体1,400円+税)
ようにすることが大切である」という
言えないフレッシュな例文にすべて
らビジネスまで基本的な英会話は

4-327-45193-2
ave a flat screen TV. 私は薄
's a good buy. この分譲マンショ
女は頭の回転が速いんです。

4-327-45194-0
n the baby in the family. 私は
? ビルは頭がきれるのですか。
はすっぴんなんです。

7-45195-9
e's gaining the weight back.
e more of a people person. もっ
ve many chances to meet Mr.
まりないんです。

4-327-45196-7
othing's tougher than being a
惟しいものはない。 He's more
り意欲が強い。 That's what I'
ことなんです。

しよう!

がわかる

400円+税)／ISBN4-327-45190-8
思議にまつわるあれこれをみごと

ングのエッセンス

／ISBN4-327-45181-9

NHKテレビ『3か月トピック英会話 ハートで感じる英文法』の
講師としても人気の著者たちが贈るベストセラーシリーズ

シリーズ合計50万部突破

ネイティブスピーカーシリーズ

■シリーズ最新刊 ■英語という言葉のもつ単純な仕組みをつかもう!

ネイティブスピーカーの英文法絶対基礎力

大西泰斗、ポール・マクベイ 著
四六判 202頁／1,575円(本体1,500円+税)／ISBN4-327-45192-4

英語の絶対基礎力は誰もが簡単に理解できる「5つの原則」によって成り立っている。この単純な5つの原則から、不思議に思える数多くの文法事項が流れ出してくる。

■好評既刊

ネイティブスピーカーの英文法

四六判 172頁／1,575円(本体1,500円+税)／ISBN4-327-45103-7

ネイティブスピーカーの英文法2

ネイティブスピーカーの前置詞

四六判 170頁／1,470円(本体1,400円+税)／ISBN4-327-45115-0

ネイティブスピーカーの英文法3

ネイティブスピーカーの英語感覚

四六判 156頁／1,470円(本体1,400円+税)／ISBN4-327-45120-7

ネイティブスピーカーの英会話

四六判 152頁／1,260円(本体1,200円+税)／ISBN4-327-44058-2
CD 12cmCD×1／1,890円(本体1,800円+税)／ISBN4-327-99117-1

ネイティブスピーカーの単語力

1. 基本動詞
四六判 290頁／1,785円(本体1,700円+税)／ISBN4-327-45132-0

2. 動詞トップギア
四六判 256頁／1,680円(本体1,600円+税)／ISBN4-327-45135-5
CD 12cmCD×1／1,890円(本体1,800円+税)／ISBN4-327-99109-0

3. 形容詞の感覚
四六判 296頁／1,785円(本体1,700円+税)／ISBN4-327-45143-6

**au携帯電話で
リーダーズ英和が引ける!** 利用料は1か月105円(税込み)

英語で困ったらすぐEZwebの英語辞書検索サイト
「研究社英語辞書」へGO。
いつでもどこでも手軽に辞書を引くことができます。

アクセスは、
EZトップメニューから:カテゴリーで探す →
辞書・便利ツール → 研究社英語辞書

研究社のオンライン辞書検索サービス
Kenkyusha Online Dictionary

KOD
ケー オー ディー

英語のプロが使い始めた。

圧倒的なボリューム＋クオリティー＋スピードが、あなたをサポート

日常的に英語を使う機会の多いビジネスマン、エンジニア、研究者、翻訳家、通訳、英語教師、TOEIC®受験者、大学生の方々にお勧めします。そのパワーを実感し、多くの英語のプロたちが使い始めています。

お試しサイト **http://kod.kenkyusha.co.jp/**

毎月追加される新語・新情報、
200万を超える
見出し語・用例が
あなたの味方に!!

6か月
3150円
(税込み)

- ●この出版案内には2006年2月現在の出版物から収録しています。
- ●表示の価格は定価（本体価格＋税）です。重版等により定価が変わる場合がありますのでご了承ください。
- ●ISBNコードはご注文の際にご利用ください。

〒102-8152 東京都千代田区富士見2-11-3 TEL 03(3288)7777 FAX 03(3288)7799 [営業]